LA COCAÏNE DES TOURBIÈRES

Notes de voyage
en Irlande
mai 1995-juillet 1999

DU MÊME AUTEUR

Aux Éditions Ouest-France

Journal d'Irlande (1990).
Aimer l'Irlande (album, texte illustré de photographies de Bruno Ravalard, 1992).
Chroniques irlandaises (1995).
Le Bois bleu (texte accompagnant des aquarelles de Bernard Louviot, 1996).

Chez d'autres éditeurs

La Mariée rouge (Jean Goujon, 1979 ; (Néo), 1983 : Euredif, 1985 ; Picollec, 1986 ; Livre de Poche, 1989). Épuisé.
La Chasse au merle (Jean Goujon, 1979 ; Gallimard, 1984). Épuisé.
La Petite Fille et le Pécheur (Jean Goujon, 1980 ; Gallimard, 1985, sous le titre *Pleure pas sur ton biniou*). Épuisé.
Quai de la Fosse (Fleuve Noir, 1981 et 1991), Prix du Suspense 1982. Épuisé.
Marée basse (Fleuve Noir, 1983 et 1991). Épuisé.
Toilette des morts (Fleuve Noir, 1983 et 1992). Épuisé.
Le Crime du syndicat (Denoël, 1984). Épuisé.
Histoire d'ombres (Denoël, 1986 ; Livre de Poche, 1990).
L'Adieu aux îles (Mazarine, 1986 et Folio Gallimard n° 3151, 1999), Prix des Bretons de Paris 1986.
Les Chiens du Sud (Denoël, 1987).
Coup de chaleur (Fleuve Noir, 1987). Épuisé.
Le Fils du facteur américain (Payot, 1988). Épuisé.
Connemara Queen (Denoël, 1990 ; Folio Gallimard n° 2483, 1993 ; Folio Policier n° 51, 1999).
Hôpital souterrain (Denoël, 1990 et Folio Gallimard n° 2424, 1992), Grand Prix de littérature policière 1990.
Flora des embruns (Denoël, 1991).
Les Douze Chambres de M. Hannibal (Stock, 1992). Épuisé.
Ouragan sur les grèbes (Denoël, 1993).
Les Endetteurs (Stock, 1994).
Le Fossé (Denoël, 1995).
Toutes les couleurs du noir (Denoël, 1995).
Petite prose trans(e)irlandaise (texte accompagnant des photographies de Georges Dussaud, Apogée, 1995).
L'Allumeuse d'étoiles (Denoël, 1996 et Folio Gallimard n° 3029, 1998), Prix Populiste 1996.
La Tentation du banquier (Denoël, 1998).
Merci de fermer la porte (nouvelles, Denoël, 1999).

Jeunesse

Le Monstre du lac Noir (Syros, 1987).
La Croix du Sud (Syros, 1988).
Le Cahier noir (Gallimard, 1992), Prix des Écrivains de l'Ouest
L'Oisif surmené (Seuil, 1995).
Stang Fall (nouvelle, in « Pages Noires », collectif, Gallimard, 1995).
L'Or blanc du Loch Ness (Gallimard, 1998).
Singes d'hommes (Nathan, 1999).
Mamie Mémoire (Gallimard, 1999).

Traduction

L'Assassin, de Liam O'Flaherty (Joëlle Losfeld, 1994 et Rivages/Noir n° 247, 1996).

HERVÉ JAOUEN

LA COCAÏNE
DES
TOURBIÈRES

Notes de voyage
en Irlande
mai 1995-juillet 1999

ÉDITIONS OUEST-FRANCE
13, RUE DU BREIL, RENNES

REMERCIEMENTS

Je renouvelle ma gratitude à l'inspiratrice de bon nombre de pages de ce volume, notre amie Josephine Cusack, ma conscience irlandaise.

Rendons à César ce qui appartient à César : à Jim Robson, la paternité du titre, qui explique de façon lumineuse, par la chimie des alcaloïdes, l'intensité du magnétisme de l'Irlande. Qu'il soit comblé : entre les feuilles de rhubarbe, ces antennes paraboliques de nos jardins respectifs, les ondes ont bien circulé dans l'éther littéraire.

Quant aux lecteurs qui m'ont écrit, ou sont venus me rencontrer lors de signatures pour me raconter leur Irlande, qu'ils acceptent l'hommage de trouver ici et là quelques bribes de leurs confidences.

Enfin, je dédie cet ouvrage à Philippe Bagau, à qui je dois d'avoir rencontré Jim Robson. Je sais que ces pages raviveront son désir fou de retrouver l'Irlande, mais en même temps j'espère de tout cœur que cette injection de cocaïne lui fera oublier, le temps d'une lecture, son terrible état de manque.

AVANT-PROPOS

Le 9 mai 1995, j'adresse aux Éditions Ouest-France le texte définitif de *Chroniques irlandaises*. J'éprouve deux sentiments contradictoires : d'une part, j'accuse ce petit coup de blues qui frappe l'écrivain lorsqu'il se sépare de l'ouvrage nouveau-né ; d'autre part, je ressens comme une espèce de soulagement à l'idée de n'avoir plus rien à dire sur l'Irlande. Désormais, jusqu'à la fin de mes jours, je vais pouvoir jouir de l'île verte en simple pèlerin guéri de sa graphomanie voyageuse.

Quelques jours plus tard, convalescent, non encore remis du trauma de l'abandon de l'enfant entre les mains de l'éditeur, j'atterris à Cork et le soir même retiens de l'index le goulot de la bouteille de Black Bush que Mrs. O'Leary vient de déboucher en mon honneur dans son salon, à l'heure du coucher de soleil sur le Lough Mask et les Partry Mountains.

Nous parlons du temps qu'il a fait, qu'il fait et qu'il fera, et par conséquent de la mouche de mai qui sera ou ne sera pas au rendez-vous. Nous échangeons des nouvelles de nos familles, et puis Mrs. O'Leary s'accorde une cigarette, la deuxième de la journée, fronce les sourcils et me demande : « Hervé, vous ai-je raconté que… ? »

Elle n'ignore pas que ses anecdotes se retrouvent dans mes livres, mais jamais nous n'avons évoqué ce plaisir partagé : de son côté, d'apporter de l'eau à mon moulin ; du mien, de moudre la farine. Il y a comme un jeu entre nous, à ce sujet.

Quelle histoire m'a-t-elle racontée ? Je ne sais plus. Elle est quelque part dans les pages de ce volume, et peu importe que ce soit au début, au milieu ou à la fin, je ne découpe pas en tranches sidérales mes séjours dans ce pays où le temps a si peu d'importance. Anecdote roborative, certainement, qui m'a pesé sur la conscience. J'ai eu du mal à trouver le sommeil, en proie au dilemme que les lecteurs de mes deux précédents ouvrages peuvent aisément imaginer : noter ou ne pas noter l'anecdote, faire preuve de l'entêtement puéril d'un gamin qui trépigne – je n'écrirai plus sur l'Irlande, je n'écrirai plus sur l'Irlande je vous dis, na ! – ou céder à la gourmandise et aller chercher l'escabeau pour atteindre l'étagère à confitures. Je décide de laisser le sort en décider. Si au réveil, me dis-je, je me souviens de cette histoire, eh bien je la noterai.

Je m'en suis souvenu et me suis rendu chez Tom Walkins, papetier, agent de voyages, agent immobilier et *auctioneer*, à qui j'ai acheté l'un de ces petits carnets d'écolier qu'il vend dans sa boutique.

Là-dessus, je suis allé boire un café chez Dermot O'Connor et j'ai noirci la première page de ce carnet fétiche. C'en était fait de mon serment de ne plus écrire sur l'Irlande : j'avais mis le doigt dans l'engrenage – trempé la plume dans l'encre verte –, j'étais fichu. Je crois n'avoir jamais pris autant de notes qu'au cours de ces quatre dernières années. On pourrait penser que je suis en permanence à l'affût. Qu'on se détrompe : je ne billebaude même pas, je serais plutôt comme un chien courant que j'ai connu, sympathique mais stupide, qui menait lapins et lièvres à contresens, en remontant la piste au lieu de la suivre. Je vis, je me promène, je pêche paisiblement sans souci d'une quelconque quête. Je ne vais pas à l'Irlande, c'est l'Irlande qui vient à moi. Comment pourrais-je la repousser quand le plaisir de l'étreinte se double de celui de la revivre au moment de l'écriture ? À l'instant précis où je rédige cet avant-propos, il me paraît inimaginable que cet ouvrage soit un jour suivi d'un quatrième. Fontaine, je ne boirai plus de ta bière ni de ton whiskey ? Hum ! Il faut laisser faire le temps et ne jurer de rien.

Pour écrire un roman érotique demeuré confidentiel, je me suis inspiré de l'histoire vraie d'un homme qui, faute de pouvoir posséder sa femme, affligée d'un hymen réfractaire, se contenta de la peindre pendant toute sa vie. J'ai parfois l'impression de vivre avec l'Irlande l'histoire de cet homme-là : on ne possède jamais vraiment un pays qui n'est pas votre terre natale, quelle que soit la force des sentiments qu'on éprouve pour lui. Mon *Journal* fut le récit d'un coup de foudre et du flirt qui s'ensuivit. Il a la fraîcheur du vert paradis des premières amours et ravit les lecteurs qui sont dans le même état d'esprit. Dans mes *Chroniques*, je prends mes aises et me permets de suggérer à la demi-vierge que sa robe est trop courte ou trop longue, ou qu'une jupe lui irait mieux qu'un pantalon. Et puis voilà que la mignonne, elle qui avait un si joli teint, se pique de se maquiller. Quoi de plus normal que de vouloir sous le fard retrouver les bonnes joues ? Je n'aurai pas la bêtise de nier tout le bénéfice que l'Irlande tire de la croissance, chacun sait les avantages de disposer de revenus confortables. Ce qui me chagrine, c'est qu'en s'enrichissant l'Irlande se néglige. Qu'elle se pollue m'afflige et que cette pollution risque d'être fatale aux truites et aux saumons m'attriste. Autre naïveté ? J'ai la faiblesse de croire que non. À mes yeux, une truite dans une eau vive, un saumon dans une eau pure sont le plus beau miracle de la nature, quelque chose qui a à voir avec la nostalgie de l'Éden que nous portons tous en nous, sous des formes différentes. Mon pôle obsessionnel est piscicole ou ichtyophile, c'est ainsi. J'aime les rivières, j'aime les fleuves, j'aime les lacs, j'aime la mer, j'aime la pluie, j'aime l'eau sous toutes ses formes, y compris

11

quand on la mélange au houblon et à l'orge maltée. Que les voiles arachnéens d'Aisling soient attaqués par les mites de la mondialisation galopante signifie-t-il que je vais un jour l'en aimer moins ? Au contraire, semble-t-il. Plus le temps passe et plus il nous est difficile, à ma femme et moi, de nous arracher à l'Irlande. Nous partons dans le Mayo avant l'été, nous en revenons en plein été. Le choc est rude : la Bretagne fourmille de centaines de milliers de touristes, les routes et les rues sont encombrées, les villes et les bourgs résonnent de festivals, festou-noz, défilés folkloriques et autres animations frénétiques. En 1999, l'avion a atterri à Brest de bonne heure le matin et nous ne sommes rentrés à la maison que tard dans la soirée. Il nous a fallu nous acclimater, passer par le sas des monts d'Arrée, errer toute la journée dans les chemins du côté de Sizun et de La Feuillée, nous promener le long du canal qui va du lac de Huelgoat à l'ancienne mine d'argent de Locmaria-Berrien. Le lendemain, nous n'avons pas échangé un mot avant le soir. Nous étions sonnés. Nous étions en manque ? Attendez voir...

Cette année comme les autres années, nous avons encore eu avec Mrs. O'Leary, véritable héroïne de mes trois volumes de notes de voyage, cette conversation qui nous amuse beaucoup, elle et nous, sur l'engourdissement et le doux bien-être dans lesquels vous sombrez en Irlande, sur cette langueur intemporelle au sein de laquelle nous avons depuis plus de deux lustres appris à nous complaire.

« C'est toujours la même chose, Hervé. Les gens arrivent ici stressés, ils ont la bougeotte, tout juste s'ils tiennent en place, à table, pendant le dîner. Ils sont souvent hargneux entre eux, veulent tout faire, veulent tout voir, me demandent le petit déjeuner à sept heures. Sept heures ! Vous vous rendez compte, Hervé ? Ce n'est pas une heure pour se lever ! Mais que voulez-vous, c'est le client qui décide. Le premier jour, ils sont levés à sept heures. Le lendemain, ils descendent à sept heures et demie. Je leur dis : pour demain, ne pensez-vous pas que huit heures et demie ce serait mieux ? Ils acquiescent et descendent à neuf heures. À la fin de la semaine, il faut que je les réveille à dix heures et si je n'allais pas frapper à leur porte je crois bien qu'ils dormiraient jusqu'à midi. C'est bizarre, on dirait qu'il y a quelque chose dans l'air qui assomme les étrangers au bout de quelques jours. »

J'ai eu la même conversation avec un gentleman-farmer et poète, Jim Robson, propriétaire de Clifden House, un manoir près de Corofin, comté Clare.

« Qu'est-ce qu'il y a dans l'air ? Vous ignorez la réponse, Hervé ? Vraiment ? Elle ne date pas d'hier, pourtant. Au XIXe siècle, un savant anglais a découvert que s'échappait des tourbières un gaz dont les propriétés sont très proches de celles d'un alcaloïde bien connu sous le nom de cocaïne. Compte tenu de l'immensité de nos tourbières, l'air irlandais est saturé de coke. On est tous shootés du matin au soir et d'un bout de l'année à l'autre. »

Enfin, tout s'explique ! Nous sommes accros à la cocaïne des tourbières ! J'ai donc eu raison d'écrire quelque part que l'Irlande est une drogue douce qui crée un terrible effet d'accoutumance.

Et dont rien ne peut vous guérir.

De toute façon, il faudrait être bien sot de vouloir subir une cure de désintoxication.

H.J.

Voilà donc le bonheur ! Il remplit la capacité d'une petite cuiller ! le bonheur avec toutes ses ivresses, toutes ses folies, tous ses enfantillages ! Vous pouvez avaler sans crainte ; on n'en meurt pas.

Charles Baudelaire,
Les Paradis artificiels.

Alors que je célébrerai bientôt mes noces d'argent avec Aisling, n'est-il pas touchant de s'émerveiller encore de ses grains de beauté ?

Entre Skibereen et Bantry, au bord de la route, une vieille ancre est dressée. Au sommet de la verge, sous l'organeau, une date sur un écriteau : 1796. Par terre, devant les pattes rouillées, ces précisions :

Notice

This anchor was taken in a trawl by the motor trawler Saoirze, *skippered by Pat Deasy, the 11th September 1964. Experts believe that it is one of those anchors left behind when the French Fleet under Wolfe Tone, which was coming to assist the Irish rebels in 1796 were forced to cut their anchors in a gale and retire.*

NOT QUITE SO HISTORICAL BAT EQUALLY INTERESTING IF YOU ARE DYING OF THIRST IS THE ANCHOR BAR WHICH ERECTED THIS SIGN.

Cette ancre a été prise dans le chalut du chalutier *Saoirze*, commandé par Pat Deasy, le 11 septembre 1964. Les spécialistes pensent qu'il s'agit d'une des ancres abandonnées, à l'époque de Wolfe Tone, par la flotte française, venue à l'aide des rebelles irlandais en 1796, et forcée de couper les amarres pour fuir une tempête.

PAS TOUT À FAIT AUSSI HISTORIQUE MAIS TOUT AUSSI INTÉRESSANT SI VOUS MOUREZ DE SOIF : L'ANCHOR BAR QUI A INSTALLÉ CE PANNEAU.

Le vent de nordé souffle en rafales de force 8 ou 9. Ce matin, le Lough Currane était blême de colère noire. Il n'y avait pas une barque dehors. Il aurait fallu un coussin pneumatique, des reins élastiques et une colonne vertébrale à suspension hélicoïdale pour affronter ces vagues courtes à l'aspect de lave en ébullition. Et la vitesse de la dérive eût été telle que le pêcheur au fouet, à peine ses mouches noyées devant lui, les aurait rejointes avant même d'avoir pu esquisser le geste de relever sa canne. Oui, peut-être aurait-il basculé cul par-dessus tête, entraîné par sa ligne passée sous la barque et filant furieusement dans le sens inverse de son mouvement.

Sur la route de Portmagee, une vieille dame à vélo lutte contre le vent et la pluie. Nous la croisons. Elle lâche son guidon pour nous saluer. Nous sommes émus. Nous a-t-elle considérés sinon comme des étrangers du moins comme des visiteurs ? Notre voiture de location porte les lettres TS, pour Tipperary South. Cette vieille dame sera l'une des dernières à risquer la chute pour adresser un signe à des compatriotes d'un autre comté. La nouvelle génération souffre de torticolis. Il n'y a plus guère que les anciens à adresser un signe aux voitures étrangères, et encore, hors saison et dans des coins à l'écart des grands axes. Quelques années de plus et les vertèbres cervicales du touriste se raidiront définitivement, faute d'avoir à répondre à ce demi-coup de tête. Mais il faut dire aussi que les touristes sont devenus si nombreux en été que les habitants de l'Irlande rurale passeraient leur temps à secouer la tête ou à lever le bras, ce qui mènerait de toute façon à la raideur du cou ou de l'épaule, pour cause de tendinite.

C'est ainsi que les usages se perdent.

Comme je suis surtout un adepte de la mouche sèche, en mars ou avril je vais en Irlande sans avoir en tête de pêcher. Par prudence, au cas où notre chemin croiserait un lac bouillonnant d'éclosions précoces, j'emporte cependant une canne à trois brins, un moulinet et une boîte à mouches dans mon bagage de cabine. Le moulinet passe rarement l'épreuve des rayons X sans encombre : il me faut ouvrir mon sac, la police tient à vérifier que cet objet rond n'est pas le mécanisme infernal d'une bombe à retardement.

Cette année, preuve que nous sommes bien en basse saison, l'avion est un petit bimoteur américain de douze places. À l'intérieur, la hauteur sous plafond est d'environ un mètre cinquante. Point d'hôtesse. Le pilote nous prie de nous couler vers l'arrière, pour équilibrer l'appareil. En vol, c'est le copilote – il mesure six pieds, pour le moins – qui distribue sandwichs et jus d'orange, plié en deux comme un Indien sur le sentier de la guerre. Tout cela a un goût d'aventure qui surprend et inquiète légèrement un couple de retraités des Côtes-d'Armor. « C'est notre baptême de l'air », me confie le monsieur. Je le rassure : ces petits avions à hélices ont un avantage indéniable sur les jets. Si les moteurs tombent en panne, nous planerons longtemps et nous nous poserons, osé-je affirmer, en douceur sur la Manche. Nous aurons tout le temps d'enfiler nos gilets de sauvetage. Ce disant, je tâtonne sous mon siège et me convaincs moi-même en palpant un gilet.

La première étape obligée de nos pèlerinages printaniers consiste à passer une nuit dans un petit hôtel au bord d'une baie du Kerry où se jette un fleuve issu d'un chapelet de lacs qui s'étagent, reliés entre eux par une rivière, du sommet des montagnes de la péninsule jusqu'au berceau de l'estuaire au milieu des dunes. Je réserve une des chambres *extra*, avec vue sur mer, et si possible la chambre *superextra*, la seule à posséder une terrasse close, véritable véranda en surplomb sur la grève où nous donnent rendez-vous les courlis et les huîtriers-pies.

J'ai monté les bagages par l'escalier de service. Je redescends chercher les deux paires de jumelles dans la voiture. Je coupe au plus court, à travers le bar. La patronne est juchée sur un tabouret. Elle boit un Bailey's. Elle m'aperçoit, je l'aperçois, je lui dis

« Hello ! » et elle me répond d'un « HELLLOOO ! » dont l'enthousiasme est suspect. Nous ne nous connaissons pas au point de tomber dans les bras l'un de l'autre et pourtant Deirdre (baptisons-la ainsi) me tend les siens, mais se dérobe dans la seconde qui suit. La tête qui s'inclinait pour un amical baiser sur la joue se redresse, bien droite, trop droite, trop lourde, qu'il faut secouer car on veut reprendre ses esprits. *No question about that*, Deirdre est légèrement pompette. Elle prend la main que je lui donne à serrer et la garde.

« Enchantée de vous revoir. Vous prenez un verre ? »

Je dois avoir l'air déconcerté. Elle répète :

« Vous prenez un verre ? UN VERRE ? »

La jeune barmaid attend mes ordres.

« Ce monsieur va prendre un verre avec moi », lui précise sa patronne avec une dignité d'huissier.

Sourire un peu gêné de la barmaid.

« Prenez un verre ! UN VERRE ! m'ordonne Deirdre.

– Jameson, dis-je.

– Ah ! Jameson ! » approuve Deirdre en hochant la tête.

Je suis servi, nous trinquons.

« *Cheers* !

– Enchantée de vous revoir... Monsieur est déjà venu ici, dit-elle à la barmaid. L'année dernière ?

– L'année dernière, et l'année d'avant. En fait, je viens presque tous les ans depuis sept ou huit ans.

– OUI ! OUI ! BIEN SÛR ! J'ai oublié votre nom. Comment vous appelez-vous ? VOUS APPELEZ-VOUS ?

– Hervé.

– Hârrrvey ? Herbie, alors. Laissez-moi vous appeler Herbie.

– Bien sûr, Deirdre. »

Je lui offre une cigarette qu'elle entoure de ses mains en conque pendant que je lui donne du feu.

« Merci. Que faites-vous dans la vie, Herbie ?

– Écrivain.

– C'est bien. Il faut écrire. Il faut écrire sur mon hôtel. Vous me le promettez ?

– Je le jure.»

Parjure. Puisque j'ai choisi d'ajouter à la narration de cette étape le sel de cette conversation de zinc, il me faut taire, par courtoisie, le nom de l'endroit.

«Vous logez au club-house, Herbie?»

Grimace de consternation de la barmaid, dont Deirdre croise le regard. Elle se frappe le front.

«Bien sûr que non! Vous logez ici. La chambre super-extra. Je me souviens très bien. Vous n'êtes pas un golfeur mais un pêcheur.»

Les yeux dans le vague, elle s'excuse d'un sourire et lève son verre.

«Je bois un verre parce que...»

J'écoute une explication que je ne suis pas du tout sûr d'avoir comprise. Il serait question du succès d'un fils étudiant à un examen.

«Félicitations!» dis-je, à tout hasard.

J'ai dû tomber juste car Deidre opine gracieusement du chef et me remercie. Là-dessus, je me retire.

Ma femme détecte le parfum du Jameson. Elle s'inquiète. Alors, comme ça, je me suis enfilé un verre, vite fait, sous prétexte d'aller chercher les jumelles? Deviendrais-je alcoolique? Je la tranquillise : simples civilités présentées à une patronne un peu gaie. Nous nous changeons et descendons au bar prendre un Black Bush. Il y a ici un usage plaisant : considérant qu'il est mille fois plus agréable d'attendre au coin du feu en sirotant son verre plutôt que de s'impatienter à table en grignotant du pain, on note votre commande dans le lounge bar et l'on vous prévient lorsque votre dîner est prêt. Nous n'avons pas consulté la carte. Inutile. Nous sommes venus déguster une sole de la baie, pas une sole portion à la française mais un poisson de sept ou huit cents grammes qui déborde de l'assiette. Dix mètres à peine séparent notre table de la grève. Nous dînons en compagnie d'une vingtaine de courlis. Entre la baie vitrée et la ligne de roches, ils sondent du bec, qu'ils enfoncent jusqu'à la garde, une bande de terre herbeuse. Nous levons les filets de nos soles en silence, avec des gestes mesurés, de peur d'effaroucher les oiseaux.

Le thé d'après dîner sera servi au lounge. Deirdre y est assise, à côté de son chef et mari, devant la cheminée. Elle a recouvré ses esprits, sage comme une image, au coin du feu. Ils sourient aux anges, tous les deux, en prenant un café. J'ai dû bien comprendre : un événement heureux s'est produit dans leur vie, aujourd'hui.

« Où allez-vous demain ? nous demande Deirdre.

– Nous avions l'intention de revoir les Skelligs.

– Vous y êtes déjà allés ?

– Oui, avec ce capitaine de Ballinskelligs, le propriétaire d'un petit bateau. Vous le connaissez ?

– Bien sûr, Joe Roddy. Si la mer est belle, je lui téléphonerai demain matin pendant que vous prendrez votre petit déjeuner. »

Au lit, nous sommes en mer. Elle emplit la porte-fenêtre. Deux fous de Bassan pêchent au fond de la baie. Demain peut-être seront-ils une centaine. La lecture de *A Man May Fish*, de Kingsmill Moore, nous a appris que leur présence signale les remontées de truites de mer, qu'ils accompagnent de la petite Skellig jusque dans l'estuaire du fleuve. La mer est blanche. Dans les rouleaux, on ne peut distinguer les étincelles de leurs impacts au moment où ils transpercent la surface ; ils disparaissent et réapparaissent sans bruit. L'absence de son, due au quadruple vitrage de la fenêtre et de la véranda, rend le spectacle encore plus onirique.

Nous viendrions en Irlande rien que pour cela : coucher dans ce lit sur l'estran, dîner d'une *black sole of the bay* à la table des courlis, observer les fous de Bassan et dormir douze heures d'affilée comme si de Skellig Michael, à l'horizon, un rayon vert nous avait hypnotisés.

Le Lough Currane est toujours mal luné. Jamais nous ne le pêcherons dans des conditions idéales. Pendant ces trois jours que nous passons à Waterville, il souffle un vent d'est ou de nord-est et le soleil brille dans un ciel sans nuages. Que faire, sinon parler de pêche, le soir, au bar du Smugglers'Inn ? Nous sympathisons avec un couple d'Anglais très décontractés. Ils habitent dans le nord de l'Angleterre, ont un lac sous leur fenêtre où ils pêchent la truite, mais préfèrent de loin pêcher le saumon et la truite de mer.

« J'étais un petit garçon quand mon père m'a amené sur le Currane pour la première fois et depuis je viens chaque année. Je célèbre cette année mon jubilé. C'est la cinquantième année que je viens.

– Pris quelque chose aujourd'hui ?

– Rien, bien sûr ! Vous avez vu le temps ? Il nous faudrait un vent du sud ou du sud-ouest et des grosses vagues. Alors là, c'est fantastique ! Vous voyez le saumon sortir la tête de la vague et gober votre mouche, juste un petit plop ! comme une truitelle ou un ombre. Il faut ferrer le plus sèchement possible. Quand vous en tenez un, c'est formidable. Mais ces jours-ci, il n'y a que des malades comme nous pour tenter leur chance. Ce lac est terriblement éprouvant. Vous pouvez fouetter durant des jours et des jours sans avoir une touche. Vous savez où chercher les saumons ? Le long des berges. Votre femme, ou le gillie, maintient le bateau pour une bonne dérive, et vous fouettez inlassablement le plus près possible des roches. »

En présence d'un tel connaisseur du lac, j'essaie d'avoir la confirmation ou l'infirmation de mon impression, qui date de quelques années, que certains gillies promènent leurs clients tandis que d'autres occupent les endroits les plus favorables à la pêche à la mouche.

« L'embouchure de la rivière, par exemple ? Oui, c'est vrai.

– Tu crois que certains gillies se comportent vraiment comme ça ? dit l'épouse.

– Oui, j'en suis sûr. Il y a deux solutions : ou leurs clients ont exigé de rester là, ou bien ce sont des étrangers qui ont loué leurs services pour une semaine ou deux, alors, tu comprends, il faut leur jouer le grand jeu. Les autres gillies sont au courant de cela, ils leur laissent la bonne place et le soir, au pub, se font offrir des pintes de Guinness en compensation. Bah ! moi-même, quand j'étais plus jeune, je me levais à l'aube, occupais le pool, prenais mon petit déjeuner à bord, et ne bougeais plus de là. Ce qui ne garantissait pas le succès, d'ailleurs.

– Quel est votre meilleur souvenir, sur le Currane ?

– Le jour où j'ai pris trois saumons et onze truites de mer.

– Cette fois, tout ce que nous avons pris jusqu'à présent, dit l'Anglaise, c'est des coups de soleil. Vous avez vu comme nous sommes brûlés ? Vous aussi. Et encore, vous vous protégez certainement, comme nous.

– Ça me rappelle un vieux copain, dit son mari, un type de la région des lacs, comme nous. Il m'avait accompagné. Nous avions loué deux bateaux et deux gillies. Les conditions étaient comme aujourd'hui, vent du nord et soleil, les pires conditions, parce que vous dérivez nord-sud et vous avez le soleil en face pendant une bonne partie de la journée. Le gillie de mon copain l'a supplié de mettre un chapeau et de s'enduire le visage de crème. Inutile, répondait-il, j'ai l'habitude. Il n'a pas voulu. Conclusion, le soir il était brûlé à mort, et dans la nuit il a appelé au secours. Il avait l'impression que son crâne s'était fendu en deux et qu'au fond de la crevasse on voyait sa cervelle. Je crois qu'il délirait. On lui a mis de la glace sur la tête et il a survécu, Dieu merci ! »

La dame de cette farmhouse a un Canadien pour gendre, un financier, qu'on imagine, d'après la description qu'elle nous en fait, avec un physique de golden boy demeuré poète sous son vernis boursier. Ayant du temps à perdre, dit la belle-maman, et incrédule quant à la mauvaise réputation des chemins de fer irlandais, il a voulu venir en train dans le Connemara. « Il refusait de me croire. "Au début du siècle, d'accord, mais en 1995, c'est impossible que ce soit comme vous le dites", prétendait-il. Il a atterri à Belfast, où il a pris un train pour Dublin. Il y a eu une alerte à la bombe, le train est resté immobilisé trois heures, et puis finalement tous les passagers ont été débarqués et emmenés en bus jusqu'à Dublin. Cette expérience ne lui a pas suffi. Il est remonté dans un autre train. Qui n'a pas arrêté de s'arrêter, celui-là sans aucune raison. Au bout d'une douzaine d'heures, il en a tout de même eu assez. Il est descendu en rase campagne et a effectué le reste du trajet en stop. Traverser l'Irlande lui a pris autant de temps que de faire le tour du monde en avion, avec escales. Il a juré en arrivant que plus jamais il ne prendrait un train irlandais ! »

La dame étant du genre ironiste, je ne puis garantir la véracité de cette anecdote ferroviaire.

Je tiens d'Yves Boisset une autre histoire de chemin de fer. Il y a environ trois ans, un producteur de télévision me commanda l'écriture du « pilote » d'une éventuelle série qui aurait pour cadre la Bretagne et pour personnage principal et récurrent (*sic*) un marin de la Royale à la retraite, sauveteur en mer et bon Samaritain à terre, une double casquette destinée à permettre l'alternance entre intrigues maritimes et terrestres. Afin de mettre toutes les chances de succès de leur côté, producteur et diffuseur engagèrent Yves Boisset comme réalisateur, ce qui combla bien sûr le scénariste. Lecteurs, ne vous creusez pas la cervelle pour retrouver le souvenir de ce téléfilm : il n'a pas été tourné et ne le sera sans doute jamais.

Mais nous étions à l'époque où la chose devait se concrétiser sans tarder. Tous deux animés de ce savant mélange d'entrain créatif et de réserve professionnelle, ou encore de l'optimisme tiède et du pessimisme lucide des auteurs échaudés qui ne vous font pas prendre les vessies télévisuelles pour des lanternes magiques, nous consacrâmes une journée à des repérages sur la côte finistérienne. Yves Boisset est aussi fondu d'Irlande que moi. On ne s'étonnera donc pas qu'en vue du phare de l'île Vierge la conversation nous fît traverser la Manche et nous emmenât dans les salons du Renvyle Hotel décorés de dizaines de photos du tournage de son film *Le Taxi mauve*, d'après le roman de Michel Déon. Yves Boisset a gardé un excellent souvenir de ce tournage.

« Pas étonnant, dans le Connemara ils adorent les Français, dis-je.

– Parle pour toi ! Les Bretons peut-être, mais les Français j'en suis moins sûr… Écoute, je venais de débarquer en Irlande, c'était la première fois que j'y mettais les pieds, j'allais justement voir Déon chez lui pour lui parler du scénario. Sur la route, je m'arrête dans un pub boire une bière. À côté de moi, il y avait deux Irlandais costauds qui me regardaient d'un drôle d'air. L'un d'eux s'approche de moi, me demande si je suis français, je réponds oui et il m'étend d'un grand coup de poing dans la gueule. Je n'ai pas le temps de réagir qu'il me relève, m'époussette, me prend par les épaules et me dit : "Désolé, ami, tu as payé pour les autres." Quels autres ? la veille, des Français les avaient pris pour des cons et il avait juré de se payer le premier Frenchie qui passerait par là. Manque de pot, j'étais celui-là. Après, bien sûr, il m'a demandé qu'est-ce que je prenais... À minuit on était copains comme cochons, et bourrés comme tu peux l'imaginer. »

Malgré ce coup de poing vengeur, et immérité, on s'attendrit de la nonchalance des Irlandais et de leur façon de mesurer le temps qui passe, plutôt différente de la nôtre, au point qu'il serait conseillé, quand un Irlandais vous dit qu'il vous rappelle dans le courant de la semaine, de lui faire préciser la semaine de quelle année. Légende sans fondement, bien sûr, mais il n'empêche que...

« Ça me rappelle une histoire, me dit Yves, tu pourras la mettre dans ton prochain bouquin si tu veux. Pour illustrer la question du temps, ou la notion *de l'heure* en Irlande, si tu préfères, il serait difficile de trouver mieux. »

Yves avait une séquence à tourner sur le quai de la gare de Dublin. Il choisit l'endroit où « poser » sa caméra. Il regarde dans le viseur et constate que dans le champ de la caméra il y a deux grosses pendules de gare et qu'elles n'indiquent pas la même heure, loin s'en faut.

« Ça me gênait, parce que tu comprends, ça doit être pareil pour les livres, il y a des gens qui repèrent ce genre de trucs, qui magnétoscopent les films et se les repassent au ralenti pour chercher l'erreur, le jet qui passe dans le ciel pendant le duel final du western, et résultat tu reçois un tas de lettres, ou tu te fais épingler par la presse. »

Je connais. Dans un de mes romans, dont l'action se situe à Nantes, et pour lequel je m'étais servi d'un plan, j'indique que le héros, au volant d'une voiture, tourne à droite au bout de telle rue. Impossible, m'a écrit un lecteur, à droite c'est un sens interdit.

« Ça peut être rigolo, mais jusqu'à un certain point, et autant l'éviter. J'avais deux solutions : déplacer la caméra de façon qu'il n'y ait plus qu'une pendule dans le champ ou faire mettre les deux pendules à l'heure. La caméra était idéalement placée et ces deux pendules me plaisaient bien. Il me restait donc la deuxième solution. Je m'en vais voir le chef de gare, je lui explique le problème, il se marre et devine ce qu'il me répond ? "À quoi ça servirait d'avoir *DEUX* pendules si elles indiquaient *TOUTES LES DEUX* la même heure ?" »

Selon le point de vue qu'on adopte, cette vision irlandaise de l'usage des pendules est d'une logique irréfutable ou d'une sage absurdité.

Ou les deux.

Une autre *anno Domini* des nineties, septième jour de mai. L'avion vient de survoler la Lee et se prépare à atterrir à Cork. Le pilote annonce que la température extérieure est de 26°. Incrédulité. Nous croyons avoir mal entendu. Nous écoutons avec attention la même annonce en anglais. *Twenty-six*. Stupeur. Fébrilement, je mets la clé de la valise dans la poche droite de ma veste, afin que sitôt débarqué je puisse dégainer. La valise à télécommande reste à inventer. Dans de telles circonstances on pointerait et tchak ! elle s'ouvrirait. Il va falloir se changer de la tête aux pieds. Spartiates, socquettes, short colonial, chemisette hawaïenne, chapeau de brousse.

Tandis que le bimoteur roule sur la piste, nous guettons des indices de chaleurs caniculaires. Le personnel au sol est en bras de chemise, mais le drapeau sur le toit de l'aéroport claque au vent. Qu'en conclure ? Ce vent, un harmattan égaré ? Un sirocco déboussolé ? Nous nous contenterions d'un zéphyr : nous n'avons pas apporté nos maillots de bain. Nos premiers pas sur la piste nous rassérènent. On estime qu'il fait un petit 13 ou 14°, qu'acidule encore un délicieux vent d'est. Ou le pilote est un farceur, ou il a additionné Celsius et Fahrenheit et tiré une moyenne ; ou bien alors la tour de contrôle est occupée par un commando de l'Irish Touring Board chargé de trafiquer les chiffres.

Dans l'après-midi, nous douterons néanmoins de l'efficacité de nos propres palpeurs cutanés. Sur la route de l'ouest, à l'entrée de Clonakilty, des cantonniers sont torse nu. À un carrefour, non loin d'un silo en forme de clocher, deux routiers ont garé leurs semi-remorques tête-bêche en travers de la chaussée. En marcel, ils jactent et partagent une boîte de bière. Tout cela respire la Méditerranée. Nous serions-nous trompés de pays ou serions-nous victimes d'un phénomène d'autosuggestion lié à des réflexes conditionnés ? Une sorte de pavlovisme d'irlandomaniaques ? Il suffirait de voir apparaître la côte du comté Cork pour que se boutonne jusqu'au cou votre veste en velours et vous parcourent de délicieux frissons annonciateurs de whiskies chauds.

Je crois plutôt qu'à l'instar du coucou qui se pose à date fixe dans les jardins de Kinvara où fête lui est donnée, ce sont les Irlandais qui s'habillent en fonction du calendrier et non de la température qu'il fait. La preuve que nos thermostats ne sont pas déréglés ? Le soir, à Dingle, après avoir dîné sur le port, nous regagnons la guesthouse où à dix-sept heures un jeune homme nous a remis les clés de la plus belle chambre, avec vue sur la baie, parce que nous étions les seuls clients. Mais à vingt heures trente, sur la porte il y a un panonceau *no vacancies* que secoue un vent à geler les cornes des cocus. Dans la cheminée du salon brûle un mélange de tourbe et de coke vers lequel nous tendons nos mains bleuies. Une dame, la maman du jeune homme, vient s'inquiéter que nous ne manquons de rien. Je m'étonne auprès d'elle que son établissement soit complet, alors qu'il était vide en fin d'après-midi.

« Un groupe de cyclistes, me dit-elle. Se promener à vélo, par ce temps ! Ils étaient frigorifiés, ils m'ont réclamé des couvertures supplémentaires. À six heures, j'ai regardé la météo à la télévision. Ils annoncent une grosse tempête. Tous les bateaux sont rentrés au port, vous avez dû le voir. Quel vent ! Un vrai vent d'hiver ! »

Le lendemain matin, remonter vers le nord par Conor Pass c'est se demander si le jour se lèvera avant la fin de l'année entre les monts Ballysitteragh et Slievanea, que je suspecte d'être des volcans fumeurs de pipe, amateurs de ronds de fumée. Pluie de cendres et de glace pilée anthracite, à traverser phares allumés. Dans la descente en direction de Brandon Bay, il nous faut nous arrêter, sortir de voiture et chercher à tâtons le muret du bord de la route pour savoir si nous ne rêvons pas. Dans cette grisaille, seules taches de couleur au pied du Brandon Peak et du Slievenagower, les lacs semblent étrangement éclairés de l'intérieur. Ils sont d'un bleu piscine à vous donner envie de vous baigner tout nu.

« Et d'en ressortir les fesses congelées ! » me dit mon épouse.

Sur la route de Slea Head, un oued en crue à traverser. Par bonheur, le mont Eagle qui alimente le torrent a des mictions de caniche nain. Il reste à peine de quoi mouiller les enjoliveurs. Simple commodité de vocabulaire, « enjoliveurs ». Je devrais dire : à peine de quoi mouiller les moyeux. Il y a longtemps que les loueurs de voitures ont compris qu'il valait mieux ôter ces pièces inutiles, autrement cabossées ou perdues par le chauffeur étranger qui, angoissé de rouler à gauche, serre de trop près les murs de pierres sèches élevés sans fil à plomb. Au niveau des fusées, les cailloux en saillie sont fatals aux *hubcaps* transformés en soucoupes volantes que les moutons, d'un battement de paupières blasé, identifient à l'atterrissage sur le pré : inutile de se faire du mouron, ce ne sont toujours pas les martiens qui débarquent, mais simplement une énième parure de roue d'Opel Astra ou de Toyota Corolla. Ces jets de grosses pièces de monnaie ont cessé. À présent on roule sur quatre roues non enjolivées.

Le capot de la voiture plonge et remonte presque à la verticale. On craint de rester coincé entre les deux parois de la faille. J'exagère, bien sûr, mais il faut voir là le fruit de la jubilation qui accompagne cette constatation : alors que les grands axes s'élargissent et que les villes se déhanchent pour que tournent follement les hula hoops de leurs périphériques, l'office du tourisme veille à l'entretien des défauts du réseau secondaire. Rien ne rendrait le touriste plus furieux que d'être contredit dans ses idées reçues. Les routes irlandaises sont mauvaises, prions qu'elles le demeurent.

Sur une butte, face aux îlots d'Inishnabro et d'Inishvickillane, ce tréma au sud du point d'exclamation couché de la Grande Blasket, une maison isolée affiche son statut de carte postale. Murs jaune school bus, menuiseries vert granny-smith, haies de fuchsias, cheminée qui fume. Avant de prendre la photo il faudrait cependant ôter du pignon l'antenne satellite, autre disque de métal, autre enjoliveur – de la roue du progrès qui rapproche inéluctablement l'Irlande du miroir aux alouettes de la communication tous azimuts. À la sortie des collèges, les garçons portent la casquette façon rappeur et les filles en uniforme bleu ou vert ont les narines ou les lèvres trouées de piercings. Comment l'Église interprète-t-elle cette duplication sur chair chrétienne des canons télévisuels ? Basses œuvres du Malin ou rappel des stigmates du Christ ?

Sur ce sujet, qu'écrirait de nos jours Eibhlis Ni Shuilleabhain – Alice O'Sullivan – à son correspondant anglais, George Chambers ? Une sélection de ses lettres, de 1931, année de ses vingt ans, au 30 décembre 1951, ont été réunies et publiées par The Mercier Press. À chaque fois que j'arrive au bout de la presqu'île de Dingle et m'arrête, pris de mélancolie, face au Blasket Sound, je ne peux m'empêcher de songer à ce recueil, ainsi qu'à tous ces livres, nés sur ce bout de rocher, et parmi lesquels j'ai lu les plus connus : *The Islandman* et *Island Cross-Talk*, de Tomás O'Crohan ; *Twenty years a-growing*, de Maurice O'Sullivan ; *Peig*, de Peig Sayers. Simples récits des jours d'une communauté de moins de deux cents âmes sur la dernière paroisse avant l'Amérique, prose poétique d'une pureté sans égale parce que jaillie d'une intuition du récit étrangère à toute ambition littéraire. Aucun autre lieu, même pas les îles d'Aran, ne produit en moi cette impression de mémoire tangible, qui semble donner de l'épaisseur à l'air que l'on respire dans une sorte de recueillement stupéfié. Je me souviens cependant avoir ressenti, à un degré moindre, cette étrange oppression au Monténégro, dans les bouches de Kotor, quand un soir le soleil rasant fit naître sur le flanc de la montagne l'interminable serpent d'une longue muraille vaine, jusqu'à cette heure engloutie dans la lumière éblouissante du ciel et des roches blanches qui la réfractaient. Des âmes me plaidaient à l'oreille la cause de l'éternité. Un instant je me suis senti immortel. On aimerait que cela se reproduisît fréquemment.

Une étudiante de Rennes m'a fait l'honneur d'associer mon *Journal d'Irlande* au *Journal irlandais* d'Heinrich Böll et à *An Irish Journey* de Sean O'Faolain pour réaliser son mémoire de maîtrise de littérature comparée. Il s'agissait pour elle de tenter de prouver, et elle a réussi, que l'auteur qui écrit sur l'Irlande s'abandonne avec délices à des tropismes dans lesquels l'île ligote sa prose. Mais en même temps, dit-elle, « chaque écrivain », demeuré parfaitement conscient et par conséquent un peu simulateur sur les bords, « au cours d'un itinéraire singulier confirme, contredit, transforme ou renouvelle des représentations collectives ». Oui, le peintre n'est pas dupe des mines que fait son modèle aux cheveux roux et en chemisier vert. Il s'en amuse, il s'en émeut, il ne l'en aime que mieux, sachant bien qu'il pourra la déshabiller sur la toile à son insu et qu'à son tour elle feindra de rougir quand il lui mettra la main sous la jupe. Une chose est sûre, l'Irlande vous force à aller voir ce qu'elle porte dessous. Cette façon de dire qu'elle détermine vos émotions relève de l'hérésie, en présence de sa Grandeur la Grande Blasket. Mais Tomás O'Crohan lui-même aimait à manipuler le modèle, ou bien était manipulé par lui, ou les deux. Maurice Polard m'a donné cette traduction d'une des vignettes de *Island Cross-Talk*.

« Des torrents de pluie sont tombés si lourdement aujourd'hui que les vaches et leurs vachers ont été presque emportés. Tadhg le plaisantin était là à s'occuper d'un veau nouveau-né et quand ils arrivèrent tous les deux à la maison personne en Irlande n'aurait parié trente shillings sur eux. C'est souvent que Tadhg raconte des histoires invraisemblables mais celle-ci était bien fondée maintenant, parce qu'elle le concernait personnellement.

– Je jure par tous les saints, dit-il que si nous avions été face à la rafale du nord-ouest après le déluge, le vacher, la vache et les moutons auraient été emportés et on ne les aurait pas retrouvés sur les collines de cette île. Je n'ai jamais cru jusqu'à ce jour que la mer pouvait être rouge en ce bas monde, mais Bonne Mère ! nous avons eu notre mer Rouge aujourd'hui aussi bien que les pays d'Orient. »

Je vois dans cet extrait une manière d'absolution. Qu'il soit pardonné aux auteurs de récits de voyage en Irlande de tantôt sous-exposer, tantôt surexposer leur narration. Ou bien encore : on ne décrit pas l'Irlande à la mine de plomb mais à la plume d'oie, qui oblige aux pleins et aux déliés.

Le 8 septembre 1931, Eibhlis Ni Shuilleabhain écrivait à George Chambers : « Vous n'aimeriez pas passer l'hiver ici, je suis sûre. C'est un triste endroit en hiver [...] mais malgré tout je l'aime parce que, mon cher, rien ne vaut son chez-soi. Mon chez-moi est une chaumière au pied de la colline et le jour où vraiment il faudra que je parte ne sera pas un beau jour pour moi. »

Le 9 novembre 1931 : « Depuis le 1er novembre nous avons un affreux mauvais temps ici, du vent et de la pluie presque tous les jours. »

Le 12 janvier 1932 : « Ce matin le temps était très beau. J'ai pensé que le facteur pourrait traverser. [...] Une heure ne s'était pas écoulée qu'il s'est mis à pleuvoir des cordes. [...] La tourbe et les gens et les animaux sont tous trempés. Papa et Patrick sont en train de se changer. Les vaches ont été rentrées à présent, tout est à l'abri à l'intérieur après la pluie et la tempête. [...] Après le rosaire, nous sommes allés au lit. J'ai dormi d'un trait jusqu'au matin. Quand j'ai ouvert la porte, j'ai vu qu'il ne faisait pas si beau que ça. J'ai regardé la mer en premier : hélas, aujourd'hui non plus, aucun espoir qu'un bateau puisse traverser. Il peut faire soleil sur la Grande Terre, ici on considère qu'il ne fait pas beau tant que la mer n'est pas calme. »

Dans les années trente on attendait le curragh du facteur, aujourd'hui on a des antennes satellites et des téléphones mobiles. Ce printemps, avant de partir, j'ai payé quarante-cinq francs pour quarante-cinq jours, soit un franc par jour, l'extension à l'Irlande de mon abonnement. J'ai une excuse à cette concession à la modernité : ma maman a fait un grave malaise cardiaque et qu'on puisse me toucher me donne l'impression paradoxale que rien de grave ne lui arrivera pendant mon absence. Ce portable gri-gri a rempli son office : elle est toujours en vie, le mauvais sort a été conjuré.

Dans les années cinquante et soixante, la république d'Irlande, trop pauvre pour se permettre d'entretenir des îliens, a vidé la plupart des îles de leurs habitants. La brochure du musée des Blaskets bâti sur la pointe de Dún Chaoin nous informe que la Grande Blasket *was sadly evacuated in 1953*, ce que l'esprit traduit instantanément par « a été tristement évacuée », avant d'accepter « malheureusement abandonnée en 1953 », plus orthodoxe, sans aucun doute, mais qui ne restitue pas la douleur des scènes de départs définitifs – curraghs emplis de linge, de lampes à huile, de modeste mobilier – ni l'amertume des larmes qui baignent les yeux incapables de se détacher des portes à jamais ouvertes à tous les vents. Qu'une brochure touristique reconnaisse que l'île a été *sadly evacuated* tend à prouver qu'une erreur a été commise. Pour réparer cette offense à la mémoire, on en a reconstitué des bribes dans ce musée austère d'ardoise et de pierre, à demi enterré dans le roc, face à l'île. Vos pas résonnent comme dans une église, une lumière diffuse de ciel de novembre traverse les vitraux. Quarante-cinq ans plus tard, on ne peut s'empêcher de penser que ce musée est une erreur de marketing touristique. Au lieu de cette maquette géante de la Grande Blasket, à la place de l'inévitable CD-Rom qui vous transporte sur l'île et dans son passé *via* commentaires et vieux clichés interposés, n'aurait-il pas mieux valu restaurer les maisons elles-mêmes et embaucher des marins, un gardien et des guides ? On imagine ce que serait *in situ* ce musée grandeur réelle, la noria de bateaux, spécialement construits pour affronter les courants du Blasket Sound, les allers-retours de milliers de touristes ravis de poser le pied sur l'île ; comme on peut le faire bien sûr en prenant le bateau du passeur, mais plutôt que de se recueillir devant des ruines, n'aurait-il pas mieux valu pouvoir s'abriter dans la maison du roi, dans celle de Tomás O'Crohan, dans celle de Peig ? N'aurait-on pas préféré visiter la poste et l'école qu'Alice O'Sullivan, institutrice, quitta en 1942, abandonnant les trois derniers élèves « livrés à eux-mêmes avec les lapins » ? Le 30 décembre 1951, de la Mainland, la Grande Terre, Alice O'Sullivan écrivait à George Chambers : «... Je suis sûre que je ne serai plus heureuse comme autrefois. Les vieux de l'île vont mourir et être enterrés ici et là sur la Grande Terre, et il n'y aura plus de vacances sur l'île, et je vois tant et tant de choses défiler devant mes yeux, près du feu. Je pense tellement plus aux veillées de Noël dans ma maison dans l'île qu'à tout autre moment, et une terrible tempête vient à peine de s'apaiser et Sean, mon frère, ne viendra plus cette année et il me manque beaucoup. Avez-vous jamais de telles pensées ? Vous ne devez pas avoir le temps d'en avoir, je suppose. »

Nous sortons du musée à dix-huit heures. En face, un border collie rassemble les moutons. Il contrôle son affaire. D'une coulée savante et sournoise, sous la menace de laquelle les moutons refluent, il condamne les issues de secours, des trouées dans les murs de pierre. Debout sur un monticule il surveille les indisciplinés en chemin vers la bergerie. Un seul s'échappe. Il le poursuit à l'intérieur du hameau – disparaît à notre vue –, puis le mouton et le chien réapparaissent. Une fois que la brebis égarée a rejoint le troupeau à l'intérieur de la bergerie, le chien ferme-t-il la porte et tire-t-il le loquet ? On peut le penser, car sûr de son coup il rejoint son maître en bas d'une prairie.

L'homme jette un mouton crevé, tout raide, dans un fossé.

Les défenseurs de l'environnement seraient bien contents de voir cela. N'interprétez pas cette phrase à contresens. Il ne s'agit pas de dire que les écologistes seraient furieux qu'un cadavre de mouton pourrisse la terre, se gonfle d'asticots et répande dans le ruisseau, parmi le cresson, une poignée de douves du foie – au lycée, en cours de sciences naturelles, rien ne m'avait inspiré autant de répugnance que la morphologie et la biologie de ces gros vers qui se logent dans l'organe et comme des sapeurs y creusent des galeries, jusqu'à transformer notre précieux hypocondre droit en luminaire chinois ; le traitement est incertain et en tout cas fort long, car mal dosé le pesticide absorbé par voie orale éliminerait à la fois locataires, immeuble et propriétaire. Non, je ne badine pas par antiphrase. Il faut comprendre au sens strict : les écologistes se réjouiraient de la mort de ce mouton. Un de moins, applaudiraient-ils. Non plus, je n'ai pas abusé de la bière noire. Les gentils ovins sont aujourd'hui à l'île verte ce que furent les criquets à l'Égypte des dix plaies. En surnombre – et n'ayant d'autre utilité, affirment les mauvaises langues, que de justifier les subsides de l'Union européenne –, ils ne laissent pas à l'herbe maigre le temps de repousser, déchaussent les pierres des collines, provoquent avec la complicité des pluies de terribles glissements de terrain qui envasent les fleuves, bref arasent les montagnes et menacent de réduire l'Irlande à une plaine qui n'aura pour seul relief que leurs dos ronds et frisés. Et ce n'est pas tout ! Comme on traite l'écolier contre les poux, on débarrasse les moutons de la vermine au moyen d'un puissant produit soluble dans l'eau. Il pleut, l'insecticide ruisselle de la laine sur le sol, et du sol pierreux vers la rivière. Il suffirait qu'un seul mouton soit ainsi rincé près d'un cours d'eau pour que crèvent tous les saumons de l'année.

Voilà qui est tout bonnement affreux.

Afin que demeurent les Twelve Pins du Connemara et que survivent les saumons de la Moy, participons à l'effort de guerre, sacrifions tous les agneaux sur la pierre de Blarney et dévorons-les rageusement, accompagnés de pommes de terre nouvelles et de sauce à la menthe.

Ma femme ne me sera d'aucune aide dans ce combat. Elle n'aime l'agneau que sur pied. Chaque année, lorsque chez Mrs. O'Leary mon sixième sens me prévient que nous aurons de l'irish stew au dîner, je dois me rappeler de lui dire : « Au bœuf, l'irish stew, Joséphine. Annie déteste le mouton.

– Je le sais, Hervé. J'ai bien vu, la dernière fois que j'en ai cuit, il y a deux ou trois ans, que même l'odeur l'incommodait. »

Ma bergère est sentimentale. Elle ne supporte pas l'idée d'un agneau égorgé. Mes filles ne lui ressemblent pas. La cadette, Caroline, salive encore au souvenir de ces côtes de moutons grillées que nous avions mangées en Grèce. Nous avions supposé qu'elles venaient d'une de ces bêtes maigrichonnes et déjà rôties, par quarante degrés à l'ombre, sur les collines voisines de l'hôtel où les aiguilles de pin recouvraient de rares brins d'herbe épars. La viande avait dû s'imprégner de suint. L'odeur était plus que forte et le goût parfaitement divin.

«Tu es dégueulasse », me dira ma femme quand elle lira ces lignes. « Dégueulasse » n'est plus un gros mot quand on a entendu Jean Seberg si joliment le prononcer dans *À bout de souffle*.

Piques ludiques, les siennes comme les miennes.

Je suis autorisé, quoi que j'en dise, à consommer de l'agneau en sa présence. Elle prend plaisir au plaisir que je prends, et chacun sait que c'est là le fondement de l'amour à condition que s'applique le vice et versa.

Et trois côtelettes à suivre !

Corofin est un petit bourg entre Ennis et le Burren, dédié à la pêche au brochet qui se pratique dans les nombreux lacs alentour. Le pub où nous avons nos habitudes comprend quatre pièces : le pub proprement dit ; un coin plus discret où s'isolent les anciens ; une salle de restaurant qui accueille les repas de famille ; une salle de billard, avec télévision, pour les jeunes. Le bar est au milieu, si bien que la clientèle tourne autour et s'y agglutine en ruées successives sous l'effet alternatif de forces centripètes et centrifuges qui tour à tour vous collent au zinc et vous en éloignent vers les tables.

Est-il besoin de le préciser ? la table que nous recherchons se trouve auprès du feu, sous une truite naturalisée. La place est occupée par deux hommes. Ils ont fini de manger. Devinant notre désarroi d'être privés de feu par cette soirée glaciale de début mai, d'un geste ils nous invitent à partager leur table. Ma femme et moi nous asseyons côte à côte et trinquons. Dans nos verres, un Black Bush calorifère. En face de nous, un barbu ; il feuillette distraitement un journal. À notre droite, comme s'il présidait, un colosse brun. Il pousse le menu vers nous et se laisse glisser sur le banc. Il se tape sur le ventre, et soupire, repu.

«Vous avez faim ? » nous demande-t-il.

Nous acquiesçons. Et comment !

«Vous avez vraiment faim ?

– Nous avons très faim.

– Alors je vous recommande l'irish stew. Il est absolument délicieux.

– Il est au bœuf ou à l'agneau ?

– Agneau. Dans un grand bol (il arrondit les mains

comme autour d'une soupière), ah vraiment je n'en peux plus.

— Servi avec des pommes de terre ?

— Des pommes de terre ? Jésus ! Des pommes de terre nouvelles, énormes, cuites au four ! Je vous le dis, prenez l'irish stew, c'est une merveille ! »

Je suis tenté, mais je vois qu'au menu il y a également des côtelettes d'agneau. Ma femme choisit de rester fidèle au poulet rôti, un autre classique de l'endroit. Le barbu engage la conversation sur le mode rituel, première fois que vous venez en Irlande ? d'où venez-vous ? etc. Il connaît un peu la Bretagne, a visité Saint-Malo et le Mont-Saint-Michel. Il amène le dialogue sur le terrain qui l'intéresse : l'évolution de l'île. Oui, comme lui nous avons vu les routes s'élargir et les villes devenir des cités.

« J'ai été à Paris, dit le barbu.

— Moi aussi, dit le colosse. Une ville superbe.

— Trop grande, dit le barbu, trop agitée. Et vous, que pensez-vous de Paris ?

— J'y vais souvent pour mon travail. Mais je préfère vivre à la campagne.

— Est-ce qu'avec vous les Parisiens sont comme avec les étrangers ?

— Que voulez-vous dire ?

— Ces gens-là ne parlent pas ! *Ils ne parlent pas !* »

Plus que l'agitation, c'est cela qui le scandalise : le mutisme des Parisiens. Paris semble provoquer chez les Irlandais un mélange de fascination et de répulsion. Le lendemain matin, au petit déjeuner, la question me sera encore posée par une dame : « Aimez-vous les Parisiens ? » Ailleurs, dans une farmhouse, une autre dame me parlera de son fils installé à Paris pour deux ans, et qui partage son temps entre un travail dans un organisme international et des cours de français. Il en profite pour visiter la province. « Ah ! dis-je, il a une voiture ? » La dame en avala de travers sa gorgée de thé. « Une voiture ? Vous n'y pensez pas ! Conduire à Paris ? Mais il n'y a aucune règle de circulation ! Si vous n'allez pas assez vite ils vous foncent dessus ! »

Nos compères rassasiés d'irish stew sont-ils en vacances ? Non, juste un week-end de marche dans le Burren.

« À cette époque-ci on y est tranquille, poursuit le barbu. L'Irlande devient folle, comme toute l'Europe, vous avez dû constater le changement, depuis le temps que vous venez. »

Je dis que la veille, sur une portion d'anneau du Kerry, nous avons vu quelque chose de bien triste. Une jeune fille, dans une espèce de costume folklorique, avec un âne et quelques morceaux de tourbe, postée près de l'un de ces arrêts pipi-boissons-souvenirs. Nos amis en rigolent.

« Oui, oui, et quand les cars s'arrêtent, clic-clac, tous les touristes la photographient.

– Il y a vingt ans, les vieux au bord des tourbières n'étaient pas là pour la photo, ils ramassaient vraiment la tourbe, dis-je.

– Mon grand-père était un de ces vieux en chemise blanche et costume noir. Il était capable de chanter des chansons de trente couplets. Ces vieux-là sont complètement déboussolés. Toute leur vie ils ont exploité la tourbière près de chez eux pour se chauffer et cuire leurs patates et maintenant on leur dit que les tourbières sont protégées, interdiction d'y aller ! Comment voulez-vous qu'ils comprennent cela ? »

Je n'aurais moi-même pas compris de quoi il en retournait si quelques jours auparavant je n'avais lu dans l'*Irish Times* un article sur la question. Soucieux de préserver l'environnement, le gouvernement a pris un ensemble de mesures touchant « les pratiques agricoles, la construction et les permis de construire » ainsi que l'extraction (*cutting*) de la tourbe dans des sites déclarés protégés, afin de préserver le paysage. Une association de défense s'est constituée et son président a déclaré que « les membres de l'Alliance iront en prison, si ça doit se terminer comme ça, plutôt que d'accepter une violation de leur droit de propriété immémorial ». La guerre des tourbières serait-elle déclarée ?

« Même les gens de notre génération se sentent dépassés ? Pas vous ? Tout va trop vite. »

On nous apporte nos plats. Le colosse considère mon assiette et hausse les sourcils.

« J'ai changé d'idée, dis-je, j'avais envie de côtelettes d'agneau. »

Les deux hommes se lèvent pour nous laisser manger en paix. Au passage le colosse me tape sur l'épaule.

« Ah ! heureux homme que celui qui a trois côtelettes d'agneau dans son assiette !

– J'espère que c'est de l'agneau irlandais, dis-je. Mais il se pourrait bien que ce soit de l'agneau français.

– Mieux que ça, ou pire, dit le barbu, il se pourrait bien que ce soit de l'agneau breton ! »

Dans cette farmhouse, le cabinet de toilette, grand comme un placard à balais, oblige à se présenter sur le seuil de profil, ce qui n'est pas gênant puisque vous vous retrouvez face au lavabo. Plus difficile est de se raser en gardant les coudes au corps. Plus inédit de se déplacer en crabe pour entrer et sortie de la douche.

La chambre est à l'échelle de la salle de bains. Exiguë. Et entièrement occupée par un lit de cent soixante. Y aurait-il ici des parties carrées ?

À l'heure du petit déjeuner, nous croisons une dame en tablier sur le seuil de la salle à manger.

« Je suis la voisine, dit-elle. Margaret a dû rester à l'hôpital avec sa fille, Fiona, que vous avez certainement aperçue hier soir. Vous n'avez rien entendu ? Une crise d'appendicite. Le médecin est venu vers onze heures, a cru que ça irait jusqu'au matin, mais vers deux heures Margaret l'a rappelé. L'ambulance est venue et Fiona a été opérée en urgence. Elle va bien. Vraiment, vous n'avez rien entendu ? L'ambulance dans la cour, sous votre fenêtre ?

– Rien, absolument rien.

– Installez-vous. Ne vous inquiétez pas, j'ai l'habitude. Je connais la maison. Je donne souvent un coup de main à Margaret pendant la saison. »

Il y a un couple dans la salle à manger, des gens de notre âge, l'air bien réveillé. Aïe ! Aïe ! Aïe ! Ils vont vouloir parler ! J'ai honte de l'avouer, le matin je ne prononce mon premier grognement qu'après avoir fini mon thé. Chez nous, dans la cuisine, j'ai accroché au-dessus du grille-pain ce proverbe irlandais encadré : « *Marriages are all happy, it's having breakfast together that causes all the trouble* – Tous les mariages sont heureux, c'est prendre le petit déjeuner ensemble qui cause la zizanie. » Lâchement, je feins d'hésiter entre deux tables et m'assieds dos tourné au sujet qui m'a paru le plus déterminé à troubler mon aphasie matutinale, je veux parler de la charmante dame, dont l'œil a brillé de convoitise langagière quand j'ai croisé son regard et que j'ai mesuré le risque d'être arraché à la matrice du silence par les forceps d'une conversation prématurée. À peine avons-nous commencé de lire le menu – à en croire les diplômes affichés, nous sommes dans une farmhouse plusieurs fois récompensée pour l'excellence de sa cuisine – que la dame, qui a l'échine très souple, se retourne et me demande :

« Vous séjournez dans la région ou vous ne faites que passer ? »

Eux, ils visitent le comté Clare à bicross. Est-ce l'effet bénéfique d'un sommeil de plomb dans ce lit de cent soixante ? Je ne m'en tire pas trop mal, et même de mieux en mieux au fur et à mesure que nous dégustons les œufs au bacon, les crêpes au sirop d'érable, les toasts et les scones. Mes gentils bourreaux sont des Dublinois, depuis de nombreuses années expatriés à Waterford.

« L'usine où travaille mon mari a été déplacée, il a fallu suivre. Waterford, c'est un autre genre de vie.

– Dublin vous manque ?

– Dublin c'est notre chez-nous, nous y sommes

nés. Mais je reconnais que vivre à Waterford est beaucoup plus agréable. Surtout quand les gosses étaient petits. Dublin est devenue une ville dangereuse pour les jeunes. Dublin est devenue comme Paris, invivable. »

Un peu plus tard, nos sportifs enfourcheront leurs vélos tout-terrain tandis que nous rangerons nos bagages dans le coffre de notre Opel Astra. La dame nous lancera gaiement : « En route pour trente miles ! Il veut me tuer ! Si je meurs d'épuisement, il pourra se vanter d'avoir réussi le crime parfait ! »

Pendant des années, à proximité de la bouche du Cong Canal au sud du Lough Mask, j'ai eu sous les yeux un ouvrage bancal, et n'ai jamais cherché vraiment à deviner ce à quoi pouvait bien servir cet assemblage de tubes rouillés reliant les deux berges et tenant plus du pont de lianes au-dessus d'un précipice péruvien que de l'ouvrage d'art planifié par un ingénieur des Arts et Métiers. Je me suis refusé à échafauder des hypothèses logiques. Mon goût du tragique, cultivé par un professeur de lettres qui me fit adorer Racine et parmi toutes ses pièces *Phèdre*, et dans *Phèdre* le récit, par Théramène, de la mort d'Hippolyte...

Cependant sur le dos de la plaine liquide
S'élève à gros bouillons une montagne humide ;
L'onde approche, se brise, et vomit à nos yeux,
Parmi des flots d'écume, un monstre furieux

... m'inclinait à imaginer une espèce de butoir contre les barreaux duquel s'arrêterait la course folle de barques emportées par les courants furieux du Mask en crue, un lac qui se prend en hiver pour un coq géant, enfle et gronde, se dresse sur ses ergots d'écume, est plumé par les rafales de noroît descendues schuss du tremplin des montagnes de Partry, gueule comme un million de sirènes dont on pincerait cruellement la queue, et dégorge son sang noir dans le chéneau du canal, plus loin souterrain, et à ce titre véritable Achéron qui creuse des grottes qu'on peut visiter, mais que je n'ai pas visitées, fleuve des morts seulement à temps partiel puisque vous en ressortiriez ressuscité du côté des jardins d'Ashford, au milieu des foulques et des colverts, coiffé de nénuphars, une rainette entre les dents. Bien que j'aie vu un cadavre de mouton prisonnier de l'ouvrage à une hauteur telle qu'à imaginer le gigantisme des crues on reculait d'effroi, et malgré les photographies, prises en septembre, que m'a montrées un lecteur familier du site, où l'on ne devine même plus le lit du canal dans un lac qui semble relier le Mask et le Corrib (et sans doute, dans ce cas, faire de Cong un village submergé), je me doutais bien sûr que l'hypothèse d'une quelconque et aléatoire défense contre la noyade n'était pas sérieuse. En dépit de leur fatalisme, les Irlandais n'auraient tout de même pas accordé aux pêcheurs en détresse une chance sur deux de trépasser en bâtissant l'échafaudage de façon que seules les barques se présentant de travers puissent être retenues. L'explication était ailleurs. Dans ces citernes en ciment, jouxtant une cale en béton, sur la rive gauche ? À la belle saison, elles servent de poubelles aux pique-niqueurs et aux pêcheurs. Dans ce cabanon sur lequel s'appuie la potence métallique ? Dans l'inscription badigeonnée sur son mur – *KEEP OUT OF WEIR, DANGER* ? Un indice, l'éclair tracé à la peinture rouge ? Ah ? Ah ? Ne serait-on pas en présence des vestiges d'une microcentrale hydraulique ? On cherche en vain des signes susceptibles de renforcer la supposition : aucun point d'ancrage de turbines, aucune trace de fils, ni de poteaux, *a fortiori*. Alors, plutôt que de se creuser la cervelle – on n'est pas là pour ça, et les truites attendent avec impatience de gober vos Richard Walker sedges – on préfère se répéter tous les ans, le cœur empli d'indulgence amoureuse pour une île qu'on a connue moins industrieuse qu'à présent, qu'il s'agit là de quelque chose *d'irlandais,* sous-entendu de bricolé et à usage indéterminé, un Meccano sans utilité sinon celle d'avoir procuré du plaisir à le monter, et volontairement mal exécuté de façon à lui épargner une ennuyeuse pérennité.

Cette année l'ouvrage est en réfection totale. Un

pick-up et une camionnette sont garés au bout de l'étroit terre-plein. Debout dans une barque amarrée aux deux rives, un homme vérifie la solidité des poteaux tandis que trois autres installent une passerelle de planches aux deux tiers de la hauteur et fixent des crochets.

Je sais enfin ce qu'ils fabriquent. Je l'ai appris l'été précédent, dans le salon de Mrs. O'Leary. Annie et moi passions nos journées sur le Lough Carra. Le temps était idéal pour la pêche, chaud avec un bon vent de sud-ouest. Les truites montaient sur les Green Peters ou les imitations de sauterelles que mon épouse laissait voler au bout de sa canne à dapping. À part nous, il n'y avait qu'un seul hôte chez Mrs. O'Leary, un grand type âgé d'une trentaine d'années environ. Il se levait, dînait et se couchait tôt, si bien que nous nous étions simplement croisés dans l'escalier, jusque-là.

Ce soir-là, dernier de son séjour, il n'avait pas besoin de se coucher de bonne heure pour « récupérer ses forces » comme il allait me le dire un peu plus tard. Nous-mêmes avions dîné de bonne heure. Ma femme avait décidé de se laver les cheveux – vaste entreprise qui, dans une salle de bains étrangère, requiert autant de préparatifs qu'une partie de pêche en mer à dix milles des côtes avec fort coup de vent annoncé – et je l'attendais au salon, bottes aux pieds et mouche montée, prêt à filer à la bouche du canal pour un coup du soir prometteur.

L'homme est venu s'asseoir en face de moi, a toussoté et m'a demandé en français :

« Savez-vous qui gagne l'étape, aujourd'hui ?

– L'étape ?

– Vous ne vous intéressez pas au Tour de France ? a-t-il poursuivi en anglais.

– Non, pas du tout.

– Ah ? Je croyais que tous les Français se passionnaient pour le Tour de France. Vous avez de grands champions. »

Que répondre ? Ma culture du cyclisme date de ma tendre enfance, quand je poussais d'une chiquenaude des capsules de bières le long de chemins tracés dans les tas de sable des maisons en construction du voisinage. La conversation allait-elle tourner court ? Mrs. O'Leary nous a sauvé la mise. Ayant observé, en débarrassant la table dans la salle à manger, qu'au salon un dialogue allait s'instaurer entre ses hôtes, elle est venue nous proposer une tasse de thé sans laquelle une conversation digne de ce nom ne saurait durer, et elle n'ignore pas que je suis friand des deux, thé du soir et conversation vespérale.

« Annie en prendra-t-elle aussi ?

– Je ne pense pas. Elle fait un shampooing.

– Mais elle ne m'a pas demandé le sèche-cheveux !

– Elle a apporté le sien, Josephine.

– Vous lui direz que ce n'était pas la peine, Hervé. Vous avez déjà assez de choses à transporter. Et dans les aéroports ils deviennent de plus en plus pointilleux sur le poids des bagages, il me semble. »

C'est vrai. Presque à chaque fois il faut se battre avec la jeune personne de l'enregistrement qui écarquille les yeux quand on pose sur le tapis roulant les valises, l'étui à cannes, un tube en PVC d'un diamètre légèrement inférieur à celui d'une galerie de mine, et le sac kaki rempli de chaussettes, passe-montagnes, bottes, cuissardes, vestes huilées et pantalons imperméables. Pour échapper à la surtaxe, il faut exiger d'être pesé en même temps que vos bagages, en laissant insidieusement votre regard s'appesantir sur un passager dont la masse avoisine le quintal.

Mrs. O'Leary nous prie de l'excuser, elle a encore du travail. Elle s'attarde un instant et contemple le soleil couchant du côté du pensionnat de filles de Tourmakeady.

« Vous allez sur le lac ou au canal, ce soir, Hervé ?

– Au canal, Josephine.

– Au canal ! Vous feriez mieux d'y camper ! Annie vous accompagne ?

49

– Seulement si elle arrive à se sécher les cheveux avant demain matin.

– Hervé ! Je vous interdis de vous moquer d'Annie ! Les femmes ont besoin de prendre leur temps, vous devriez le savoir ! Bon, je vous laisse bavarder... »

Son petit sourire en dit long sur sa satisfaction d'avoir une fois de plus créé les conditions favorables au tête-à-tête. Son scénario, qui vaut des présentations en règle, est parfaitement rodé. L'interlude permet de reprendre l'entretien sur des bases plus intéressantes que le Tour de France.

« Vous êtes ici pour la pêche, vous aussi ?

– En quelque sorte, me répond l'homme. J'ai passé mes journées à plonger dans le lac. Je suis chercheur, de l'université de Dublin. Les pêcheurs se plaignent qu'il y a de moins en moins de truites dans le Mask et de plus en plus de brochets. Le Western Fishery Board nous a demandé de vérifier. J'ai prélevé de l'eau et des échantillons d'herbiers un peu partout, et maintenant je m'en vais étudier tout ça.

– Qu'avez-vous observé en plongeant ? Y a-t-il moins de truites ?

– Rassurez-vous, il y en a toujours autant. Seulement elles restent au fond.

– C'est vrai qu'elles montent moins en surface qu'avant. Au pub j'ai entendu des pêcheurs expliquer ça de différentes façons.

– Ah ? Et que disaient-ils ? »

Ses yeux se plissent, gentiment ironiques. Je suis le jobard de service, rapporteur d'un tissu d'âneries colportées par des piliers de bars, face au scientifique éclairé.

« Ils parlaient d'eutrophisation de certains lacs, par exemple.

– C'est un problème réel, surtout dans les comtés du centre. Et encore ?

– Le climat, bien sûr, les saisons qui n'en sont plus, les éclosions de mouches qui n'ont plus lieu.

– La comparaison avec le bon vieux temps ! Non, le

climat de ces vingt ou trente dernières années n'a rien de particulier. Ce sont des cycles, qui n'ont aucune influence sur la vie des insectes.

– J'ai aussi entendu parler du trou dans la couche d'ozone. Les truites détesteraient les UV, si bien qu'elles resteraient à l'abri sous quelques mètres d'eau.

– Ah ! Ah ! Ah ! Pourquoi pas ? Mais ce n'est pas très sérieux. Je vais vous dire exactement ce que j'ai observé et je pense que c'est la bonne explication, du moins ici, dans ce lac. Si les truites montent moins volontiers se nourrir à la surface, c'est à cause des pêcheurs d'anguilles.

– Des pêcheurs d'anguilles ?

– Oui, des pêcheurs d'anguilles. Vous n'avez pas vu leurs installations, à la bouche du canal ? »

Et voilà comment la lumière fut.

« Vous savez cela, que les anguilles s'en vont dans la mer des Sargasses pour se reproduire. Au moment de la descente, en automne, les pêcheurs barrent le canal. Ils sont juste une poignée. C'est très fructueux. Au pub, vous entendrez dire qu'ils se mettent dans la poche quinze ou vingt mille livres chacun. Pas si mal, non ?

– Mais que font-ils de ces anguilles ?

– Exportation. Allemagne, Belgique, Pays-Bas, Scandinavie. Elles partent dans des camions-citernes.

– Ce n'est pas réglementé ?

– Ils ont une licence.

– Quel rapport avec les truites ?

– Très simple. Les anguilles se nourrissent d'escargots d'eau douce. Si vous enlevez les anguilles, que se passe-t-il ? Les escargots d'eau douce se multiplient pour le plus grand bonheur des truites qui n'ont plus besoin de se fatiguer à venir en surface gober les mouches de mai.

– Il faudrait donc interdire la pêche des anguilles ?

– La limiter, peut-être. »

Ce prudent « peut-être » met un point final à notre

conversation. Les cheveux blonds sont secs, nous filons à la bouche du canal où les truites, fines gueules, préfèrent le sedge ou la mouche d'aubépine à l'indigeste gastéropode des profondeurs.

Comme moi, les truites du canal ont l'estomac délicat. Voilà sans doute pourquoi nous nous comprenons si bien.

Au sud de Roundstone, un minuscule accroc dans la côte échancrée du Connemara. Cascadant de palier en palier sur des roches dont il vernit et polit l'ébène, se jette dans cette anse un petit fleuve côtier. Mon attention est attirée par un panneau d'allure provisoire posé sur un chevalet : *Sea Trout Survey* – enquête sur la truite de mer. Trois hommes en bottes et cirés ont donné un coup de filet et sont occupés à mettre des poissons dans des sachets en plastique. Je m'arrête et me gare près du pont. Pour faciliter le dialogue, je me présente comme journaliste, dis que j'ai écrit dans une revue un article sur la disparition de la truite de mer et que j'aimerais savoir si la situation s'est améliorée depuis. On appelle le chef d'équipe. Il s'appelle Padraig O'Flaherty, c'est un permanent du Western Fishery Board.

« Vous vous intéressez au problème de la truite de mer ?

– Oui, je suis pêcheur, et j'ai connu l'époque où elles remontaient par bancs, aussi nombreuses que des maquereaux. Je pêchais dans la Dawros, à son embouchure dans la baie de Ballynakill. C'était en 1985 et 1986. Je suis revenu au même endroit en 1989. Il n'y avait plus aucun poisson. J'ai cru que j'étais en avance sur la saison, ou que les truites de mer avaient du retard. En fait, j'ai appris deux ans plus tard qu'elles crevaient parce qu'elles étaient infestées de poux de mer provenant des élevages de saumons.

– Oui, c'est en 1989 que cette catastrophe a commencé.

– J'ai lu dans le bulletin de l'association *Save Our Sea Trout* que ça allait mieux dans certains endroits.

– SOS, l'association de Peter Mantle, de la Delphi Fishery. Il se bat comme un beau diable. Il avait fait tellement d'efforts pour relancer son affaire. Il aurait pu être ruiné. En tout cas, par ici c'est de pire en pire. Il y a seize *fish farms* dans cette baie, pas seize cages, seize *fish firms*, seize sociétés différentes ! Comment voulez-vous surveiller tout ça ? Mais il faut reconnaître que la situation s'est améliorée dans certains endroits. À la suite d'une chose qu'on a découverte par hasard. En 1994, dans une baie du nord-ouest, tous les saumons d'un élevage ont crevé de maladie. Les cages sont restées vides du mois de février à l'automne, et en juin les truites de mer sont remontées. De beaux poissons, presque tous des spécimens. Alors on s'est dit qu'il suffirait d'interrompre l'élevage au printemps, ou d'éloigner suffisamment les cages à l'époque où les truites de mer se regroupent dans la baie avant de remonter pondre, pour résoudre le problème. À Waterville ils l'ont fait et ça marche. Il y a de nouveau des truites de mer dans l'Inny et le Lough Currane.

– Le ministère de la Marine et les sociétés aquacoles ont donc fini par admettre que ce sont bien les poux de mer des élevages qui tuent les truites de mer ?

– Plus ou moins.

– Ça paraît pourtant évident.

– Bien sûr que c'est évident. Regardez... »

Il prend des truites de mer dans un seau. Des poissons d'une vingtaine de centimètres, faméliques, de la peau sur des arêtes. Certaines sont infestées par une douzaine de chancres gluants.

« Ces truites ont été lâchées là-haut il y a moins d'un mois. Elles ont juste fait un petit tour dans la baie et elles allaient déjà crever avant qu'on les prélève. Une preuve, non ? Pourtant, une fois de plus on va expédier ces poissons dans un laboratoire de Dublin, une fois de plus les scientifiques vont se livrer à un tas d'analyses, et après ? Après, rien. Ça n'aura jamais de fin. Il y a deux ans, on a lâché neuf cent mille alevins. L'année dernière, pas une truite de mer n'est remontée. Il y a vingt ans, c'était un paradis, ici. Les gars revenaient du petit lac au-dessus avec trente truites dans leur panier et ils râlaient en disant que ça n'avait pas donné ! J'ai l'impression qu'on ne gagnera jamais cette guerre. Trop d'argent en jeu. Les multinationales sont plus fortes que les pêcheurs à la ligne... »

Les deux autres gars ont fini d'emballer les truites de mer.

«Vous comptez pêcher ? me demande Padraig O'Flaherty.

– Peut-être demain. Sur le Mask ou le Carra. J'ai l'habitude de séjourner chez Mr. et Mrs. O'Leary. Vous les connaissez ?

– Bien sûr, John est un bon copain. Je le verrai peut-être mercredi. Il y a un concours de pêche sur le Carra. Je me suis inscrit. »

On charge les truites de mer dans une camionnette. Un des hommes remplit un formulaire. Il s'approche de moi, me demande mon nom.

« Mon nom ?

– Comme témoin. »

Je jette un coup d'œil sur l'imprimé. Un procès-verbal de prélèvement. Lieu, date, circonstances. À la suite de « en présence de... » on inscrit mon nom, mon adresse et ma qualité, *French Journalist*. Je promets d'écrire sur le sujet, en France. Voilà qui est fait. Témoin, j'ai témoigné. En vain ?

Dans *Journal d'Irlande*, j'ai décrit le pub de Maam Bridge Inn en abusant de la métaphore religieuse, comparé le lounge bar au chœur d'une église, le bar à la chaire et le feu, jamais éteint dans la cheminée, à la petite lumière rouge qui symbolise la présence du Saint-Esprit. En conséquence, quoi de plus normal que d'aspirer ici à prononcer des vœux ? Le nôtre est à la fois matériel et spirituel : ne jamais passer devant ce pub sans nous arrêter boire un verre.

Nous venons d'avoir pris le thé à Louisburgh et risquons d'arriver en retard à Villa Maria pour dîner. Nous balançons, penchons finalement du côté de l'apostasie, et à regret, la mine contrite et l'air coupable, passons lentement notre chemin. « Dommage, dit l'un d'entre nous, j'aurais bien bu un whiskey. » Coup de frein, marche arrière et nous voilà entrant joyeusement dans le lieu saint, soulagés d'avoir retrouvé notre religion.

Le barman, toujours très élégant en chemise blanche et cravate sombre, le cheveu peigné avec soin, me salue d'un « *Hello, my dear* ! » et ajoute : « Nous nous sommes vus le mois dernier, n'est-ce pas ?

– Le mois dernier, la semaine dernière, l'année dernière. Plusieurs fois par an.

– Je sais, vous venez très souvent.

– Depuis quelque chose comme vingt ans.

– Vraiment ? Comme le temps passe ! Ah, nous étions plus jeunes, et sans doute plus beaux, il y a vingt ans ! Plus de cheveux sur la tête, en tout cas.

« – Nous avons fait le vœu de ne jamais passer sans nous arrêter.

– L'établissement en est très honoré.

– Avez-vous du Black Bush ?

– Certainement, nous en avons. Quatre Black Bush ? Avec de la glace ?

– S'il vous plaît. »

Après avoir vérifié que le feu n'est pas éteint dans la cheminée du lounge, histoire de changer nos habitudes et de n'être pas tentés de nous éterniser, nous nous installons au bar, dans l'arc de cercle d'un des deux bow-windows, en face du pont et de la route qui descend de Maam Cross. Pour ne pas faillir à la tradition, nous évoquons ce whiskey chaud que nous prîmes un samedi de juillet, jour de notre arrivée en Irlande, où la température d'une épaisse brouillasse, qui noyait tout le comté Mayo, devait avoisiner les cinq degrés. En soufflant sur nos verres brûlants, nous frétillions de bonheur comme des pingouins à la dérive sur un morceau de banquise.

Aujourd'hui il fait beau. Une Vauxhall se gare. En descendent quatre personnes, deux couples dans la soixantaine. En compagnie d'un des messieurs, les dames s'éloignent vers la Bealanabrack, cette rivière au cours très lent dont la Joyce est un affluent. Faisant lit commun, elles s'écoulent paisiblement dans le Corrib proche. Le conducteur de la Vauxhall, un type en short, chemisette en Nylon et espadrilles, entre dans le pub. Le barman ne le connaît pas, ce sont des gens de passage. Une des dames a été malade dans la voiture, pourrait-on avoir de l'eau, une éponge et un chiffon ?

« Malade ? Une bien triste histoire que vous me racontez là, *my dear* ! » En chantonnant et sifflotant, le barman réunit et fournit le nécessaire de nettoyage.

Quelques minutes plus tard, le bonhomme revient et demande si par hasard il ne pourrait pas avoir un aspirateur. Le barman hausse les sourcils et a un haut-le-corps.

« Un aspirateur ! Diable ! La dame a été très malade, dites-moi ! »

Peu après, l'homme ressort avec son aspirateur, dont il déroule le fil branché sur une prise du couloir. Nous ne voyons pas très bien l'usage qu'il va en faire. Aspirer les renvois ? Non, bien sûr que non. Allez deviner pourquoi, il a cédé à une pulsion : tant qu'il y est, nettoyer sa voiture de fond en comble, coffre y compris. Imperturbable, le barman le regarde se démener. Quant à nous, nous ponctuons de hochements de tête admiratifs les bourdonnements hargneux de l'aspirateur. Notre homme en met un sacré coup, traque le moindre grain de poussière. En ce début d'été, un grand ménage de printemps, vraiment.

Sur le chemin qui mène du village à notre farm-house au bord du lac, il y a deux ponts de longueur et de largeur modestes, le premier au-dessus d'un méandre de la rivière, le second, cinquante mètres plus loin, au-dessus du bief d'un moulin en ruine. Autrefois, nous ne manquions jamais de nous arrêter pour regarder les truites moucher. À présent, l'eau de la rivière est douteuse, mais l'on fonde de grands espoirs sur l'efficacité d'une station d'épuration récemment construite.

Le pont sur la rivière a un parapet en pierre tandis que celui qui enjambe la nappe de nénuphars du bief est bordé d'un garde-fou en fer forgé. Trois ouvriers sont occupés à redonner un coup de neuf à ces deux fois trois mètres de métal rouillé. Avant de repeindre, il faut d'abord gratter. Boulot de bénédictins quand on ne possède pour outils que des brosses à dents – à poils métalliques, présume-t-on. Quelle importance ? Dans ce village hors du temps, le temps ne compte pas et on ne compte pas son temps. Remarquez bien, chez nous aussi vous émeut le rythme nonchalant des cantonniers communaux qui promènent leurs fau-cilles le long des talus ou arrosent les parterres des carrefours transformés en jardins d'agrément, suite à un plan de *fleurissement* de la commune voté à main levée par le conseil municipal unanime. Une seule différence, mais de taille, sur le plan matériel : nos propres flâneurs sont les auxiliaires de conducteurs d'engins ; le cantonnier ramasse les brins de fougère et les débris d'ortie derrière le tracteur équipé d'un broyeur articulé ; l'arroseur itinérant tire son eau au robinet d'une citerne remorquée par un tracteur au volant duquel médite, ou lit son journal, un ouvrier d'échelon supérieur. Malgré cette débauche de moyens techniques, cette langueur contribue aux charmes de la vie bucolique. Rien de plus apaisant que de côtoyer des résistants à l'horreur économique, ces sujets qui ne connaîtront jamais le stress et passeront sans heurts ni antidépresseurs de l'activité à la retraite, au ralenti. Ils deviennent trop rares pour qu'on ne les regarde pas avec amour, ces pandas accrochés aux graphiques ascendants de la croissance.

Une semaine s'écoule avant que la rouille ne soit grattée. Des intempéries ont-elles interrompu les travaux ? Un terrible orage, nous dit notre hôtesse, a tourné autour du bourg pendant l'après-midi. Nous pêchions sur le lac, nous n'avons rien vu. Nous aurions aimé partager ces averses et dériver sous les risées.

« Ne dites pas cela ! J'ai peur de l'orage. On ne sait jamais où la foudre va tomber. Je m'enferme dans la maison et le chien fait comme moi, il reste à trembler au fond de sa niche. »

La pluie d'orage aurait-elle anéanti en un instant des jours et des jours de travail ? La rouille serait-elle revenue, d'un mauvais coup de pistolet à eau brandi au bout d'un éclair par les sorcières du ciel ? Au début de la deuxième semaine, le risque de voir ce garde-fou s'apparenter au caillou de Sisyphe commence à être couvert. De minium. À la fin de notre séjour, nous craindrons encore pour un tiers de l'ouvrage, demeuré nu.

Nos esprits terre à terre se livrent à d'odieux calculs. En considérant le prix de la main-d'œuvre française et des charges subséquentes, nous obtenons un coût de rénovation du garde-fou supérieur à la facture de ravalement d'une villa moyenne.

L'année suivante, le garde-fou sera peint.

De peint à *dé-peindre*, il n'y a qu'un pas – disons quelques tours de roue. Une portion de la route de Claremorris a été élargie, ce qui nécessite de retracer la ligne médiane. Sur une nouvelle couche d'enrobé ? Ah que non, le budget ne le permet pas. Laisser cohabiter deux lignes médianes ne dérangerait pas certains Irlandais de ma connaissance. Ils préféreraient avoir le choix plutôt que d'être condamnés, comme nous, à cracher au bassinet des impôts locaux. Mais la Loi et la Géométrie ne l'entendent pas de cette oreille. Un ruban routier ne saurait avoir deux milieux. Il faut donc effacer la ligne erratique. Comment ?

Condamner une voie, installer un panneau de déviation (en anglais ce mot charmant de *diversion*, qui partage avec « divertissement » la même racine latine *divertere*), de chaque côté charger deux hommes de brandir alternativement un rond rouge et un rond vert, amener une espèce de gros poste à soudure monté sur pneumatiques.

À genoux, suant à grosses gouttes, un homme passe la vieille ligne au chalumeau. Chronométrons. La flamme gomme à peu près un centimètre à la minute. Soixante centimètres à l'heure. Problème : à raison de cinq jours de travail par semaine, et en tenant compte, par jour de travail, de trois pauses (*elevenses, lunch* et *afternoon tea*) de deux heures au total, combien de temps faudra-t-il pour *dessouder* cent mètres de bande blanche ? Inutile de risquer la migraine, ce problème n'est plus d'actualité. Rouille instantanément récurrente sous l'averse et chalumeau à gommer appartiennent à une époque révolue.

Galéjons. Sous le tapis émeraude de la verte Érin transpire le roussi de la surchauffe économique. Cependant que Dublin devient la première place financière du monde occidental, aux cantonniers du County Mayo il a été proposé d'adhérer à la direction participative par objectifs. Statistiques et prévisions météorologiques à l'appui, ils ont dû déterminer combien de mètres cubes de fougères, digitales, fuchsias et reines-des-prés ils s'engageaient à faucher par année. C'est dire que l'on vit désormais sous la menace du stress et de l'infarctus du myocarde, de l'affairisme et de la rupture d'anévrisme. Ne parle-t-on pas de la mise au point imminente d'un additif à la Guinness qui permettra de neutraliser le temps infini de sa transmutation du fût à la pinte ? D'énormes gains de productivité sont à prévoir, des millions d'heures d'attente vont être épargnées devant les comptoirs. À l'heure du mondialisme, les pendules irlandaises s'affolent. Pourtant, c'est d'elles que viendra le salut : pourvu que dans un bel ensemble elles se croisent les aiguilles et se remettent d'elles-mêmes à l'heure verte.

En attendant la révolte de ces filles de Chronos, l'Irlande champignonne, même dans les coins les plus reculés. « Hong Kong ! » proclame un énergumène dans un pub. Dans tous les estuaires, partout où il y avait des entrepôts lépreux, quand on ne construit pas sur les terrains vagues on rénove et réhabilite, et l'on vend par niveaux ou appartements des bureaux ou des logements de standing. À Sligo, la comparaison devient plus que pertinente. Une promotion immobilière en cours empiète sur le lit du fleuve. En viendra-t-on à le recouvrir entièrement, comme à Hong Kong on a bâti sur la mer ou comme à… Quimper, dans les années soixante, on a dallé le lit du Steir pour gagner des places de parking ?

Nous nous le demandons, à Sligo, par ce bel après-midi d'un jour de semaine. Tout autour de nous, des chantiers. Mon épouse me dit :

« Tu es un peu dur de la feuille, mais tout de même, rien ne t'étonne ? »

Quoi donc ? Que veut-elle dire ?

« Le silence ! »

Des dizaines d'ouvriers travaillent dans le coin et pourtant, en effet, aucun bruit ne nous parvient des immeubles en construction. Honteux de succomber au stakhanovisme, les Irlandais se sont équipés d'outils silencieux, marteaux en caoutchouc et truelles en carton.

En apportant la troisième théière du petit déjeuner, Mrs. O'Leary me demande :

«Vous n'avez pas entendu de bruit cette nuit, Hervé ?

– Non, pas du tout. Pourquoi ?

– Nous nous sommes occupés des chauves-souris.

– Des chauves-souris ?

– Il y en a plein dans le bout de grenier, juste au-dessus de la salle de bains de votre chambre.

– Nous en avons aussi chez nous.

– Dans le grenier ?

– Non, dans une vieille mine, en face. En été, elles volent au-dessus de nos têtes, quand nous dînons sur la terrasse. C'est très pratique. Elles mangent les moustiques. Elles ne nous dérangent pas.

– Elles ne nous dérangeraient pas si elles vivaient dans un hangar. Mais dans le grenier, c'est insupportable.

– À cause du bruit ?

– À cause de l'odeur, Hervé. Une odeur épouvantable qui ne ressemble à rien d'autre. Je ne sais pas comment dire. Une odeur qui vous donne envie de vomir. Insupportable. Le mois dernier, je suis montée voir par où elles entraient. Un trou sous les ardoises, à peine plus gros que le poing. J'avais pris une pile électrique et je les ai vues. Il faut dire qu'elles sont plutôt mignonnes, suspendues tête en bas, avec leurs petits yeux qui vous fixent, comme ça, sans bouger. Mais l'odeur ! Ah vraiment, cette odeur ! L'autre jour, j'ai essayé de les déloger de là. J'ai acheté deux grosses bombes insecticides et je suis remontée à l'échelle, un foulard sur le nez et la bouche, et un chapeau enfoncé jusqu'aux yeux parce que paraît-il elles s'accrochent à vos cheveux. Je sais bien que ce n'est pas vrai, mais peut-être qu'en s'enfuyant... J'ai vidé les deux grosses bombes d'insecticide dans le trou. Ça ne leur a rien fait. Alors, cette nuit, on a décidé d'essayer autre chose. Puisque vous en avez chez vous, vous savez qu'elles sortent à la tombée de la nuit et rentrent juste avant les premières lueurs du jour. On a guetté leur sortie et vers une heure du matin John et Peter sont montés bourrer de chiffons non seulement le trou mais aussi les moindres fentes entre les ardoises et la charpente.

– Ça a marché ?

– À la perfection, Hervé ! Allez-y voir : elles sont accrochées au plafond du hangar. Qu'elles y restent ! Je ne pense pas qu'elles dérangeront les chevaux. »

Le hangar, autrefois bergerie, est devenu une écurie. Cette année les juments sont au nombre de dix, et chacune a son poulain. Josephine me confie que John est conscient qu'il faudra vendre plusieurs juments. Dix, ça lui donne beaucoup trop de travail.

Ce matin, d'un bout à l'autre du pré le plus proche, dans l'air flou d'un paysage embué annonçant une journée chaude, juments et poulains, zébrés par les rayons du soleil à travers les grands frênes, galopaient et se roulaient dans l'herbe humide de rosée.

« Ce temps ne plaît pas aux chevaux, à cause des mouches », m'a dit Mrs. O'Leary.

L'une des juments avait gardé la chambre. J'ai deviné sa présence à l'intérieur du hangar. M'apercevant, elle a mis la tête dehors, a apprécié le temps qu'il faisait, et s'est décidée à sortir, comme avec précaution, pas à pas, suivie d'un poulain un peu triste.

« Elle sort de l'hôpital.

– De l'hôpital ? »

Mrs. O'Leary a souri.

« De la clinique vétérinaire de Dublin. Elle s'était

blessée à la patte et ça ne guérissait pas. Le vétérinaire de Ballinrobe a craint que l'infection attaque l'os, et dans ce cas elle aurait été fichue. Il nous a conseillé de l'envoyer à Dublin. Ils ont ouvert la plaie et elle va bien, maintenant. Mais elle a encore un peu de mal à poser le sabot par terre. »

Le poulain ne trotte ni ne galope comme les copains. Il ne quitte pas sa mère d'un sabot. Sans doute a-t-il peur qu'on la lui enlève de nouveau.

Une mouche bourdonne contre la vitre.

« C'est normal qu'il y ait des mouches dans une ferme, à cause du fumier, mais je trouve que depuis une semaine il y en a vraiment beaucoup. Elles salissent les carreaux et agacent les juments. »

Espérant hier que l'été durera cette année au moins le double de l'année dernière, c'est-à-dire deux jours, Mrs. O'Leary se prend aujourd'hui à souhaiter que l'air fraîchisse et que le vent se lève, pour l'agrément des chevaux.

J'acquiesce. Comme une courtisane qui a eu pour pénitence de ne point se parer ouvre et ferme en soupirant ses coffrets à bijoux, je cesserai d'ouvrir et de fermer mes boîtes à mouches en maudissant cette chaleur qui oblige les truites à des siestes outrageantes. Encore heureux qu'elles émergent au canal vers l'angélus du soir, l'heure où s'épanouissent les mirabilis, autres belles-de-nuit.

« Êtes-vous satisfait du moteur que vous a loué Willie ? s'inquiète Mrs. O'Leary.

– Très satisfait.

– Pas étonnant, c'est un bon mécanicien. »

Willie tient une boutique de cycles et une guest-house à la sortie du bourg, sur la route de Castlebar. Il loue des moteurs hors-bord. Lorsque j'y suis allé, un jeune type attendait devant la porte de l'atelier.

« Fermé ? dis-je.

– Il a dû descendre en ville. »

Je tourne la poignée. La porte s'ouvre. À l'intérieur, ça sent le chien – il y a des paillasses entre les vélos et les vélomoteurs. J'appelle. Willie me répond du fond. C'est un bonhomme de taille moyenne, trapu, la tête rentrée dans les épaules. Il a des cheveux blancs abondants. Ses épais sourcils qui rebiquent comme des cornes lui donnent un air diabolique. Son visage est tanné par les heures passées à pêcher sur les lacs. Même voilé, le soleil irlandais est redoutable et l'*Irish Times* a bien raison de publier, sous la rubrique météorologique, le temps d'exposition à ne pas dépasser, selon qu'on a une peau sensible, normale ou résistante.

Willie ignore le jeune homme, me serre la main comme si j'étais un vieil ami et ne s'interroge pas sur le temps écoulé depuis notre dernière rencontre. C'est comme si nous reprenions une conversation de la veille, et non pas de l'année précédente. Formalité parasite, la location du moteur est évacuée en quatre mots : starter, avant, arrière, OK ? Il suffit de prendre le Yamaha et de payer plus tard, quand je le rendrai. Ni formulaire à remplir, ni dépôt de garantie, ni assurance à souscrire. Place aux choses sérieuses.

« Alors, la pêche ? me demande Willie.

– Médiocre.

– Le temps va changer, ne vous en faites pas. Hier il n'y avait qu'un seul bateau sur le lac. C'était vous ?

– Non, j'étais au bord du canal. J'ai vu un pêcheur prendre un beau poisson.

– Quel poids ?

– Quatre livres environ.

– Sur quelle mouche ?

– Une Pheasant Tail.

– Il y avait des sedges ?

– Aucun.

– Ah, alors, pas de sedges, pas de truites dans le panier.

– Elles nymphaient. »

L'œil de Willie s'allume. Sa voix change. Le ton devient tragique, comme s'il s'agissait de prévenir d'un danger imminent, ou d'entendre un conseil d'une extrême gravité, presque un ordre divin dont la transgression serait fatale.

« Elles nymphaient ? Vous avez essayé un buzzer ?

– Nous n'en avons pas.

– Il faut en avoir, quand elles nymphent. Très facile à faire. Un hameçon, quelques tours, et hop ! Les buzzers, quand vous les voyez sur l'eau, il faut en monter un en vitesse. »

Suivent une série d'onomatopées, soulignées de gestes. Willie, par la pensée, s'est transporté à la pêche.

« Buzzer, bzzzzzzzzzzzzzzzzzzz ! (ses mains planent dans l'air comme deux bombardiers en train de repérer leur cible) Plo-plo-ploooop ! (les bombardiers plongent en piqué) Gloup ! (tête en l'air, Willie fait la truite, gobe et déglutit bruyamment). Buzzers, n'oubliez pas ! »

Willie revient sur terre. S'aperçoit, et nous aussi,

que deux jeunes filles attendaient dans notre dos la fin du mime. Le jeune homme choisit de s'éclipser.

« Hé ! Minute ! »

Willie le rattrape par la manche. Il est question d'une chambre à louer. Willie injecte au jeune homme une nouvelle dose de patience – ce dernier s'adosse à une voiture et allume une cigarette – et revient en tempêtant gaiement contre cette affluence de clients. Les jeunes filles ouvrent la bouche, Willie leur cloue le bec : « Les vélos sont prêts, mes chéries » et me dit : « Il faut que vous alliez sur le Carra, ça marche bien là-bas. Mais si le temps se couvre, n'oubliez pas le Mask. À la mouche sèche, le soir. » D'un simple battement de paupières les jeunes filles expriment leur crainte que cette conversation ne s'éternise. À mon tour de m'éclipser.

« Willie s'occupe-t-il toujours d'organiser des parties de chasse ? demanderai-je à Mrs. O'Leary au dîner.

– Willie s'occupe de chasse, Willie s'occupe de pêche, Willie est un homme très occupé. Il a été un jeune homme très séduisant. C'est un excellent danseur. Il faut le voir valser, à la soirée de clôture du championnat du monde de pêche à la mouche.

– Il a plusieurs chiens ?

– Un setter et un springer spaniel. Plus un chien à trois pattes. Ils vivent dans l'atelier. Vous les avez vus ? Oh ! ce chien à trois pattes est très drôle ! Il a été renversé par une voiture. Un autre que Willie l'aurait fait piquer, mais lui, il a demandé au vétérinaire de l'amputer et le chien se porte très bien, sur ses trois pattes. Willie adore ses chiens. Il vient les promener par ici. Mais en ce moment il va plutôt sur le lac. Essayer ses mouches, qu'il fabrique lui-même, en prévision du championnat du monde, à la fin du mois. »

Nous rencontrons un chien tous les matins, au pub. Nous avons fait nôtre le leitmotiv de Mrs. O'Leary : « *No rush* ! » qu'on aurait tort d'interpréter comme une incitation à la paresse. Pour elle, *no rush* signifie organiser son travail de façon à pouvoir fumer une cigarette en paix, au salon, en regardant le ciel, le lac et les montagnes à travers l'écran géant de la baie vitrée. Pas de précipitation, rien ne presse : la règle d'or est de consacrer toute son énergie à la bonification de l'oisiveté. Prendre le petit déjeuner de plus en plus tard ; converser avec Mrs. O'Leary autour d'une énième tasse de thé ; s'en aller au bourg acheter la mouche et le journal du jour ; rêvasser au Market House Tavern, à l'heure du café, vers midi. Pendant l'hiver, notre ami Dermot a réduit et concentré ses activités en un seul lieu, « pour préparer ma retraite », m'annonce-t-il avec une grimace ironique que je ne saurais traduire : regret d'avancer en âge, ou bien soulagement à l'idée de vivre bientôt de ses rentes ? Il a loué les murs de sa supérette à un marchand de légumes et divisé l'ancien pub en deux : d'un côté la boutique d'articles de pêche, devenue plus attrayante – auparavant, les mouches et les cannes souffraient de la promiscuité des rayons alimentaires ; de l'autre le pub, qui a gagné en intimité, et ce d'autant que l'abominable téléviseur a été jeté aux oubliettes. Au coin du bar stationne tous les jours un grand type d'une quarantaine d'années. Les yeux las, un sourire de contentement figé sur les lèvres, il consomme en silence, en compagnie de son chien assis au pied de son tabouret. Le maître et le chien saluent les nouveaux venus, le maître d'un signe de tête et d'un large sourire, le chien en se déplaçant pour venir se faire caresser par chacun. Ce chien est un retriever noir, au poil long et brillant. Ma femme me dit qu'elle n'a jamais vu un chien au regard si doux, et pourtant, les chiens au regard doux sont légion, à commencer par le nôtre, un setter anglais, le bien nommé Lewis, d'après Carl, et surnommé Bip-Bip, d'après l'oiseau-fusée du dessin animé, à cause de sa vitesse de pointe, supérieure à celle d'un greyhound dopé. Annie estime que ce chien noir a le regard humain, qu'il sourit des yeux, comme son maître. Tant qu'à choisir des traits anthropomorphiques, convenons que si nous étions chiens nous nous préférerions en retriever à l'œil de velours plutôt qu'en loulou permanenté. Lorsque le maître descend pisser, le chien noir le suit au sous-sol. J'ignore s'il reste assis près de l'urinoir, la tête levée, ou s'il la tourne pudiquement.

Nous sirotons notre café et feuilletons l'*Irish Times*, à commencer par la météo, dont la fiabilité est vérifiable puisque la première tranche des prévisions, de 6 a.m. à midi, est écoulée à l'heure où nous en prenons connaissance. Il a bien fait le temps annoncé, et cela vous remplit d'aise, car en début de journée on aime avoir des certitudes alors que le soir, au contraire, on se complaît dans le flottement vaporeux de l'indéfini.

Pendant que votre épouse achètera chez Cummins de quoi pique-niquer sur une île du Carra ou du Mask, vous vous laisserez glisser sur la banquette et à votre tour sourirez aux anges. Vous irez à la pêche, et vers trois heures, après de longues dérives soit sur l'eau noire du Mask, soit sur celle vert absinthe du Carra, vous allumerez le feu de bois, poserez dessus la bouilloire pralinée de suie et ferez votre thé, ce thé corsé, mélange de Chine, de Ceylan et de Kenya, qui accompagne si bien le saumon fumé du charcutier de Cong et les tartines de *soda bread* qui s'effritent entre vos doigts.

Sommes-nous plus tard que d'habitude ? L'homme et le chien s'en vont. Le chien s'arrête pour nous saluer. Je lui demande son nom. Son maître répond à sa place. Je suis surpris par sa voix rauque, cassée par l'alcool, le tabac et peut-être la maladie, inharmonieuse en regard, si je puis dire, de l'œil de velours de son chien. Et puis il y a le terrible accent qui me rend insaisissable même le nom épelé. J'ai l'impression d'avoir perdu mon anglais. Soucieux de se faire comprendre, l'homme précise : ... *and the Argonauts*. Jason ! Le maître serait-il un lettré nourri de culture classique, un poète maudit qui laissera après sa mort des chefs-d'œuvre inédits, griffonnés sur des boîtes de bière ? Le chien et l'homme sont des philosophes de zinc, pour le moins. Les plus sympathiques. En l'occurrence, ici, comme l'un ne parle que canin et que l'autre a l'élocution difficile, on n'éprouve aucune honte à n'entraver que dalle à leurs théories. Qu'ils ne nous ont pas exposées, entre nous soit dit : au pub le chien n'a jamais aboyé et les seuls mots qu'a prononcés le maître sont *Jason and the Argonauts*.

« Combien touche un homme au chômage ? me dit Mrs. O'Leary en réponse à ma question, je ne sais pas exactement, mais je sais à combien s'élève l'indemnité pour un couple avec deux enfants. Environ 150 £ par semaine. On peut considérer que ce n'est pas si mal, parce que en plus ils ont les soins médicaux et dentaires gratuits, des avantages pour le logement et le transport, et touchent même des bons de fioul. Mais on peut considérer que c'est peu quand l'homme passe son temps à boire dans les pubs. Boire coûte très cher, Hervé. Et certains, pour aller au pub, revendent le fioul et toute la famille passe l'hiver à grelotter. »

Pendant que le buveur se réchauffe les intérieurs à la bière noire, ce pétrole raffiné des pubs enfumés ?

Avoir envie d'aller voir si la présence de pêcheurs tend à prouver que les saumons d'été remontent dans les Loughs Furnace et Feeagh,

Après Newport, en direction d'Achill, tourner à droite là où il y a un panneau Furnace,

Rouler sur une route d'abord bordée de bruyères, puis de rhododendrons, une forêt de rhododendrons,

S'arrêter au point de jonction des deux loughs et contempler,

Au sud la mosaïque des îlots de Clew Bay, au large Clare Island, très loin la côte de Louisburgh, au nord-ouest et au nord-est des montagnes et des lacs dont les noms sont tout un poème : Cushcamcarragh, Glennamong, Birreencorragh, Bullaunmore, Nephin et Nephin Beg, Glendavoolagh Lough et Corryloughaphuill Lough,

Marcher le long du Lough Feeagh, avoir le souffle coupé par la grandiose solitude du lac qui évoque ce jour-là à la fois la rime lénitive de Lamartine et l'Écosse de Stevenson, à cause des pentes roses et feu qui vous mettent en tête qu'il y a là une sauvagerie souterraine, des esprits souffleurs de tempêtes, aux joues gonflées et aux lèvres serrées, des volcans malins auxquels il faut bien se garder de poser la moindre question car, ravis de vous répondre, ils ouvriraient la bouche, déclencheraient des ouragans à vous lessiver l'intellect, à vous essorer la raison, à vous étendre sur place et à vous y laisser mourir comblé de tant de beauté,

Rouler de nouveau le long de chemins forestiers

que les cartes ne mentionnent pas, lire sur un monument l'hommage de l'Amérique à ceux d'ici, partis outre-Atlantique au siècle dernier, contribuer à la gloire des États-Unis,

Songer : Grande Famine ou pas, on ne pouvait que crever de faim dans ce désert,

Traverser d'immenses tourbières, être persuadé les avoir traversées quinze ans plus tôt en descendant de Belmullet à Westport,

Vouloir photographier un rond de fumée posé au sommet du Nephin Beg,

Renoncer à prendre cette photo, déprimé soudain à l'idée qu'un tel clin d'œil du ciel ne se met pas en boîte, qu'il suffit de le mettre en mémoire, et la mémoire du coup vous joue un mauvais tour en vous rappelant ce jeu qu'avait l'une de vos filles, un boîtier rempli d'eau, un jeu tout bête d'avant les Nintendo, avec à l'intérieur des dauphins sur le nez desquels, par pression, il fallait enfiler des cerceaux,

Et de la secousse vous voilà à ruminer des idées noires sur ce fichu temps qui passe, la fugacité des instants et tous ces machins poétiques, l'inanité du plaisir de voir, de sentir, de toucher, d'aimer, d'écrire, puisque tout disparaîtra,

Devenir grossier, *fuck you* foutus paysages,

Retrouver le sourire : mais oui, aux cocotiers huppés vous préférez la bruyère crépue, et vous vous souvenez de cette journaliste française qui de Paris vous avait demandé un itinéraire de découverte du nord-ouest irlandais et un mot ou un coup de téléphone à John McGahern qu'elle voulait rencontrer, et au retour vous avait écrit : « Cher Hervé, vous allez me prendre pour une folle, mais à mi-chemin j'ai fait demi-tour, suis revenue à l'aéroport de Dublin, ai pris la fuite. Ce pays est trop fort. J'ai eu l'impression que si j'y étais restée plus longtemps je n'en serais pas ressortie intacte. »

Par d'autres chemins improbables, apercevoir Newport de nouveau, y prendre un thé et se dire ?

Se dire que ça me fait du mal ça me fait du bien d'être piqué par les mouches vertes du blues irlandais, sacré venin viagreste qui vous met la plume en érection, gonflée de morosité créatrice entre les jambes de l'Émotion,

Voilà à quelles divagations vous mène une balade autour des Loughs Furnace et Feeagh.

Rire carrément de toutes ces conneries irréfléchies, et dans le salon de Mrs. O'Leary, après dîner, y ajouter celle-ci : en Irlande, ne pas oublier son préservatif à stylo.

Se protéger des paysages ? Quelqu'un m'a raconté ceci :

« C'est l'histoire vraie d'un gars qui va en Irlande dans la voiture d'un copain. Grosse bagnole, mec friqué, dingue de la vitesse, ont fait le tour de l'île en une semaine. Problème : comme il pleuvait tout le temps et que l'autre zèbre au volant ne pensait qu'à rouler sans s'arrêter, le gars n'a rien vu. Mais rien de rien ! Vous savez pourquoi ? Parce que la bagnole avait en plus des vitres teintées. Il n'a vu que le crépuscule, du début à la fin. Elle est bien bonne, non ? »

Eddie's, Clonbur. Pub, restaurant, hôtel, haut lieu de la fête irlandaise, en fin de semaine. La cuisine est raffinée. Nous y allons tous les dimanches soir. Si vous arrivez de bonne heure, avant que toutes les tables basses ne soient occupées, vous pouvez dîner dans le pub ; sous la truite naturalisée, par exemple, à côté des musiciens qui occuperont le coin vers neuf heures. En retard, ou pour changer vos habitudes, vous irez dans la salle à manger qui n'est pas l'une de ces salles à manger de restaurant à la décoration convenue mais tout simplement celle des propriétaires. Sur les commodes et le dessus des armoires, ces objets accumulés par plusieurs générations ; aux murs, les portraits des grands-parents, des parents, des enfants, les photos de mariage du fils ou de la fille ; les sièges sont dépareillés et les serviettes brodées non assorties aux nappes ajourées ; les couverts sont anciens, genre Sheffield, et la corne des manches des couteaux parfois noircie, et alors ? Cette salle à manger fait de vous un invité et non pas un client. À l'intérieur de cette pièce l'impression de dîner est plus forte, on se tient bien, on attend la fin du repas pour allumer une cigarette ; le pub a un côté pique-nique, repas improvisé entre copains, que dément le contenu de votre assiette. Ce soir : pinces de tourteaux au beurre aillé, préalablement décortiquées façon sucettes, les pinces proprement dites servant de bâton et la chair se présentant sous la forme d'un Esquimau blanc à croquer ; bar grillé et légumes variés ; crumble aux pommes et crème fouettée.

Au menu musical, ce soir, Mike Daly et son accordéon. C'est un type sec, au visage émacié, avec une fine moustache, des yeux ténébreux enfoncés dans le crâne, des cheveux bruns plaqués et la raie au milieu, de longs bras, de longs doigts, de très longs doigts. Il porte un complet gris, chemise blanche et cravate. Ses souliers sont noirs. Plus une tenue de scène qu'une tenue de pub. Il est couvé des yeux par une groupie, une jeune femme plantureuse en robe fendue, au décolleté profond comme la vallée de Maum entre les Maumturk Mountains. On apprendra que c'est sa femme et qu'elle s'appelle Anna. Un guitariste accompagne Mike. Tout le monde a dans sa famille ou dans ses relations quelqu'un de sa ressemblance : un type approchant la soixantaine, grand et large d'épaules, que le bon Dieu a bâti sur terre dans les solides fondations de l'amour de son prochain qu'on peut lire sur son visage, dans ses yeux fatigués derrière les grosses lunettes à monture d'écaille. Il a le cheveu rare et blanc, des mains de manuel. Il pourrait être le forgeron du coin, ou le plombier, ou le facteur qui à la fin de sa journée travaille la ferme héritée de ses parents. Victime de l'idée reçue qui voudrait accorder un certain physique à un certain talent, on s'attend de sa part à de l'amateurisme. Erreur, bien sûr ! Cette homme-là est Orphée, sa guitare une lyre et sa voix grave, légèrement tremblante, nous fera venir aux yeux des larmes atlantiques quand il chantera tout à l'heure ces chansons d'émigrants, adieu à tous, père, mère, frères et sœurs, adieu à ma terre, *fare thee well until we meet again*, portez-vous bien jusqu'à ce que nous nous retrouvions.

Mike attaque un reel. Il regarde fixement Anna qui flirte avec deux gars accoudés au bar. Ses doigts courent sur les touches comme des pattes d'épeire des jardins sur un clavier de pétales de roses. Il souffre la mort, il a des rictus d'apache sur le point de suriner le bourgeois, et on craint un instant qu'il ne jette son instrument et ne se précipite pour étrangler Anna. Condamné à la peine capitale, il donnerait volontiers sa tête à couper et je l'entends déjà ricaner à la barbe des juges : la tête, d'accord, mais par pitié qu'on ne me coupe pas les doigts ! Il résiste à la pulsion assassine. Son corps se révolte, agité de tics. Une jambe piaffe, l'épaule opposée se soulève, ses paupières clignotent et sa bouche se tord à contretemps.

Mike allonge, presse, étire sa boîte à musique, et sur un dernier accord s'en débarrasse comme si c'était le diable, tombe la veste, s'éponge le front, avale d'un trait la moitié d'une pinte. Ses yeux ne cillent pas quand il ne joue pas. Étrange.

Un accord, deux accords, et on repart. Reels, jigs, valses, *The Foxhunter*, *Ivy leaf*, *Merrily kissed the Quaker*, *The Turf Man from Ardee*.

Nouvelle pause, à la suite de laquelle Anna chante *Carrikfergus*. *I am seldom sober...*, je suis rarement sobre, serait-ce par hasard le cas de l'interprète ? Anna a déjà bu plusieurs pintes de Guinness. *I am drunk today...*, *my days are over... so come on yee yound lads, and carry me down*. On s'en voudrait d'obéir à l'injonction. Aucune envie d'enterrer Anna. Elle s'incline, la main sur le cœur, pour éviter qu'on plonge trop profond dans la vallée.

Accordéon, chanson par le guitariste, et puis s'assied devant le micro un petit bonhomme que nous avons déjà vu les années précédentes. Il nous adresse un signe de reconnaissance. Lui non plus n'a pas le physique de l'emploi, ni de son instrument. C'est un gros pépère au regard doux, aux mains énormes et boudinées. Il joue divinement du tin whistle. Entre ses doigts le pipeau paraît à peine plus grand qu'une allumette.

À minuit les trois musiciens jouent ensemble le National Anthem. Ceux qui sont assis se lèvent d'un bond. Tout le pub est au garde-à-vous. Applaudissements, sifflets, mouvements vers le bar. Anna s'approche de moi, une cigarette entre les doigts. Je lui donne du feu. Elle a du mal à estimer la distance. Il y a un peu de roulis dans ses rondeurs. Elles s'échouent tout contre moi – un sein repose sur mon épaule.

«Vous avez aimé, n'est-ce pas ?

– Beaucoup.

– Mike vous remercie.

– De quoi donc ?

– De quoi donc ? s'écrie-t-elle comme si j'avais dit une incongruité, mais d'avoir écouté ! Taratata ! Mike voit bien quand les gens écoutent comme vous avez écouté. D'où êtes-vous ?

– France.

– Quelle région ?

– Bretagne.

– Bretagne ? Formidable ! Il y a de grands festivals, en Bretagne. J'espère que nous irons un jour.

– Je vous le souhaite. Et vous, d'où êtes-vous ?

– Mike est né à Killcornan, un petit village du comté Limerick, et moi pas loin d'ici, à Ballynakill.

– Je connais. J'ai pêché la truite de mer dans l'estuaire et le saumon dans la Dawros.

– C'est vrai ? Mais c'est formidable ! Mike aimerait parler avec vous. Vous voulez bien ? Vous irez lui parler ?

– Bien sûr. »

Mike sourit. Maintenant qu'il a fini de jouer, la fièvre a quitté son regard, ses tics l'ont abandonné, il a l'air *reposé*, comme dirait ma maman d'un mort qui l'attendrit – tous les morts l'attendrissent, elle est un peu nécrophile sur les bords. Il m'adresse un clin d'œil, lève sa pinte, *cheers, cheers* !

Anna écrase sa cigarette, me regarde droit dans les yeux, prend un air grave. Diable ! que va-t-elle me demander ? Ceci, tout simplement :

« Que pensez-vous de cette partie du monde ? »

Pas de la région, pas du comté Mayo, pas de l'Irlande. Que pensez-vous *de cette partie du monde* ! Il y a de quoi rester coi. Grâce aux vertus du Black Bush et des trois pintes de Harp ingurgités dans la soirée, grâce à la dilatation corrélative des vaisseaux cérébraux et au souvenir d'un écrit ou de paroles de Michel Déon qui en résulte, je trouve une réponse à la hauteur de la situation.

« Je pense que cette partie du monde est la dernière terre habitable d'Europe. »

Anna apprécie et le dit :

« Vous êtes vraiment formidable ! »

Sensibles au compliment, l'auteur et son ego vous en remercient, Anna. Ils reviendront tous les deux chez Eddie's, en compagnie de leur épouse commune Annie, qui en sortant ose cette repartie :

« Anna avait-elle le sein doux ? »

J'en oublierais presque cette réflexion que je me suis faite, tout à l'heure : la bière irlandaise est un liquide plein de sagesse, qui reste toujours parfaitement stable dans les verres. Quelle que soit l'affluence au bar, quel que soit le chemin qu'ils aient à parcourir de la tireuse au buveur, quel que soit l'âge des mains qui les tiennent, jamais les verres ne débordent. Ils peuvent pencher, jamais une goutte ne se perd. Immense mystère ! Observons cependant que les porteurs de calices se gardent de tout mouvement intempestif. En témoigne cet homme âgé, dans un pub où des musiciens jouaient un reel endiablé : verre en main, statufié, il battait la mesure en faisant claquer son dentier.

Longtemps les mânes des moines de l'ordre de Saint-Michel nous ont interdit l'accès des îles Skelligs. À huit ou dix reprises, en vingt ans, nous nous sommes présentés en vain à l'embarcadère de la vedette amarrée sur Valencia Island, près du musée, en face de Portmagee. Ou bien le site était fermé pour cause de travaux de consolidation des marches qui mènent au sommet de Skellig Michael, ou bien le capitaine de la vedette estimait que la mer était trop mauvaise. Une fois il nous fut proposé, ainsi qu'à une demi-douzaine d'autres amateurs, d'appareiller pour faire le tour des deux îles, mais sans qu'on puisse espérer aborder. Nous refusâmes. À tort, car c'eût été un bon début, une façon d'entrouvrir la porte. En 1996, les dieux semblèrent mieux disposés et nous envoyèrent des signes troublants : tout le monde dans les parages nous reconnaissait. Ce fut d'abord la fille de la réception, au musée. Me prit-elle pour quelqu'un d'autre ? Pour un chercheur, un historien, un journaliste ? À peine eus-je demandé si le bateau sortait ce jour-là, qu'elle se leva pour appeler le directeur. Il sortit aussitôt de son bureau, nous serra la main et me dit :

« Vous n'avez pas de chance, je crains que les conditions ne soient guère meilleures qu'avant-hier.

– Avant-hier ? m'étonnai-je.

– La dernière fois que vous êtes venus, ce n'était pas avant-hier ? Ah, non, bien sûr, c'était la semaine dernière. »

En réalité, *l'année dernière*. Par politesse, afin qu'il

ne doute pas de l'excellence de sa mémoire, j'acquies-
çai en disant : « Oui, la semaine dernière. »

« Ne bougez pas, je vais téléphoner au capitaine. »
Nous attendîmes un bref instant. Il revint, un large
sourire aux lèvres.

« Le capitaine n'a pas encore pris sa décision, mais il
est optimiste. Le bateau devrait pouvoir partir, mais
pas à quatorze heures. S'il appareille, ce sera au plus tôt
à quatorze heures trente. » Le directeur baisse la voix.
« Hum ! Il faut savoir qu'il y a un match de hurling à la
télé... Quelle heure est-il ? Midi moins le quart. Le
mieux est que vous alliez déjeuner tranquillement à
Portmagee et que vous m'appeliez vers quatorze heures
vingt. J'aurai téléphoné au capitaine et je vous dirai s'il
sort ou non. S'il sort, vous aurez tout le temps
d'arriver. En voiture, ça prend moins de cinq minutes. »

Il écrivit son nom et le numéro de sa ligne directe
sur un dépliant publicitaire et nous allâmes déjeuner à
Portmagee. C'était dimanche, le pub était bondé,
nous nous installâmes à une des tables autour de
l'arrière-salle, une salle de danse où consommaient
des familles. Des enfants couraient un peu partout. La
patronne du pub allait de groupe en groupe, échan-
geant quelques mots avec chacun. Tout à coup elle
nous aperçut, fonça vers nous et s'assit à côté de ma
femme.

« Hello, chers ! Comment allez-vous ? Alors, ça y
est, vous avez acheté une maison dans le coin ? »

Interloqué, je réussis, du moins je le crois, à cacher
ma surprise. Cette dame *nous connaissait aussi*, alors
autant ne pas la décevoir...

« Non, pas encore, dis-je.

– N'avez-vous pas visité celle de Mrs. X... la
semaine dernière ?

– Celle de Mrs. X... ? Non, pas celle-là.

– Vous comptez en visiter d'autres cet après-midi ?

– Non. Nous avons l'intention d'aller aux Skelligs.
Je pourrai téléphoner de chez vous ? Je dois appeler le
musée pour savoir si le bateau appareille ou non.

– Bien sûr. Mais savez-vous qu'il y a un match de hurling à la télé ? Alors... »

Le capitaine estima la mer trop mauvaise et une fois de plus le bateau resta à quai.

« Et puis je dois vous avouer, me dit le directeur du musée au téléphone, que votre épouse et vous auriez été les seuls passagers. Un autre couple, venu ce matin se renseigner, a renoncé. Je pense donc que le capitaine n'avait pas vraiment envie de sortir avec seulement deux personnes. Je suis désolé. Rappelez-moi demain un peu avant midi. »

En 1997, tandis que je pêche sur le Lough Currane, Annie se rend au musée et l'histoire recommence. Il n'est pas certain du tout que le bateau puisse partir le lendemain. Au retour, elle emprunte la route qui franchit tout droit les montagnes de la presqu'île et arrive dans le petit port de Ballinskelligs au moment où un bateau s'amarre au quai. Près du bateau, une affichette : *Day-trips to Skelligs*, collée sur un poteau par Joe Roddy, capitaine indépendant. Annie réserve sa place et le soir m'annonce tout de go, qu'elle ira, elle, aux Skelligs le lendemain. Crevant de jalousie, je renonce à la pêche et décide de l'accompagner.

« À condition qu'il y ait de la place, me titille-t-elle. Le bateau ne prend que dix personnes et d'après le capitaine j'étais déjà la huitième à réserver. »

Nous serons neuf : sept Allemands – deux couples dans la trentaine et trois jeunes filles – et nous. Nos compagnons de croisière ont-ils une idée de ce qui les attend ? Dans la baie de Ballinskelligs la mer est plate mais les moutons, au loin, et ce sombre horizon qui ondule, ne peuvent tromper des Bretons. Au large, il y a une houle de deux ou trois mètres, de quoi secouer gentiment le thé et les œufs au bacon du breakfast pendant cette traversée de quelque dix milles nautiques, soit environ dix-huit kilomètres, tout de même. Réfractaires au mal de mer, nous nous réjouissons de ce temps sauvage qui fera jouer les grandes orgues dans la cathédrale océanique de Skellig Michael la Grande, et gronder les chœurs des lames au fond des cryptes de cette flèche émergée des eaux noires. Son presbytère attenant, la petite Skellig, semble d'un gris crayeux, observé à la jumelle.

La vedette, longue d'une dizaine de mètres, est l'une de ces coques en plastique que les patrons pêcheurs bretons équipent en fileyeurs ou caseyeurs rapides. À l'avant, une grande cabine avec à gauche le poste de pilotage et à droite une banquette pouvant accueillir trois ou quatre personnes. À l'arrière, une plate-forme nue, à l'exception d'un banc de bois à bâbord, à tribord et contre la cabine ; au milieu, un vaste coffre carré contenant les gilets de sauvetage.

Des ronds de cuir aux coudes de son veston, une chemise claire et de grosses lunettes à monture métallique rectangulaire donnent à Joe Roddy un air de comptable. Il fait l'appel des passagers, range la liste dans son livre de bord et nous appareillons. Annie et moi nous habillons en fonction de l'épreuve imminente : pantalon ciré, pull épais, veste huilée, chapeau imperméable. Les bottes, nous les avons déjà aux pieds. Nos compagnons d'odyssée sont légèrement vêtus et pour la plupart chaussés de tennis. La mine un peu ahurie, de l'arrière où ils se sont tous installés, ils nous regardent nous équiper et nous asseoir tout contre la cabine – l'expérience des marins opposée à la candeur des néophytes : dans cinq minutes, c'est le seul endroit qui sera abrité. Joe Roddy les appelle de la cabine, leur balance des cirés et leur fait signe de les enfiler en vitesse.

« *It will be very splashy* ! Ça va gicler ! »

Nous laissons Bolus Head à tribord et la vedette se retrouve en plein océan, prenant la houle de nordé par le travers. Mais c'est à peine si le bateau roule, et c'est tout juste s'il a le temps de tanguer. Propulsée par ses 320 HP emballés à trois ou quatre mille tours, mi-bâtiment de surface, mi-submersible, la vedette laboure la houle à contre-sillon. *Splashy* ? Euphémisme de marin. Du toit de la cabine cascadent des trombes d'eau ; à tribord, côté du vent, des paquets de mer explosent ; encapuchonnées, les trois jeunes Allemandes se réfugient contre la cabine. Leurs compatriotes, à l'arrière, n'en ont plus la force. L'un d'entre eux se penche pour vomir. Il manque de glisser pardessus bord. Je me précipite pour le saisir par une jambe. Il s'écroule sur le pont d'où il ne bougera plus, les bras en croix, dans le coma. C'est un corps flasque, aussi passif que celui d'un mort, qu'il faudra descendre du bateau et allonger sur le quai.

Tout autour de Skellig Michael, il n'y a qu'un abri, appelé Blind Man's Cove, l'anse de l'Aveugle, situé au nord-est, côté du vent et de la houle, donc, le jour où nous y abordons. Pourquoi l'anse de l'Aveugle ? Parce qu'il est conseillé de fermer les yeux et de recommander son âme à Dieu quand le bateau met le cap droit sur ce rocher haut de six cents pieds dans l'intention de s'y fracasser ? On ne découvre qu'au dernier instant qu'un trou a été creusé à sa base, une espèce de fosse – une espèce de tombe ? Joe Roddy vire brutalement pour prendre le vent et la houle par l'arrière, attend une vague propice, met en avant toute pour compenser la dérive et la vedette s'enfonce comme un coin entre la roche et un quai en pierre – construit en 1826. À l'ultime seconde, au moment où l'on croit que le bateau va s'écraser contre la butée, Joe Roddy met en arrière toute, inverse la barre et colle la coque contre le quai. Il hurle ses ordres. Descendre, sauter, vite, vite, vite, en s'aidant les uns les autres et en profitant de la houle qui fait varier d'un bon mètre la hauteur entre le pont et le quai. Sportif. Surtout en ce qui concerne le transport du gisant, qu'on jette plutôt qu'on ne débarque. À peine sommes-nous sur la terre ferme que Joe Roddy crie l'heure de retour, met en arrière toute et s'éloigne pour aller mouiller une ancre, côté sud, à une encablure de l'île.

L'on comprend maintenant la prudence, match de hurling ou pas à la télé, du capitaine de la grande vedette à passagers de Valencia Island. La taille de son navire lui laisse combien de marge entre la roche et le quai ? Un pied ? Par ce vent et cette forte houle de nordé, impossible d'aborder sans péril.

Nous commençons notre longue ascension vers les ruines du monastère et, presque au sommet, les *beehives*, ces fameux abris en forme de ruches où vivaient les moines. Se retirer dans un cloître au milieu des champs semble un retour à l'Éden comparé à cette prison maritime que les anachorètes gagnaient à la rame, sur des barques en toile, et où ils se nourrissaient d'oiseaux et de poisson et du produit des maigres échanges avec la Grande Terre – de la viande boucanée contre des plumes, par exemple. L'eau douce leur tombait du ciel et ils la recueillaient dans des auges, ou bien, à en croire les livres, filtraient l'eau de mer à travers des roches poreuses qui en retenaient le sel. Selon les spécialistes, la première date certaine de l'histoire des Skelligs est 490, année où Duach, roi du Munster, poursuivi par le roi de Cashel trouva refuge sur Skellig Michael. Avant, on ne saurait distinguer entre l'histoire et la légende. Des textes anciens font mention d'un Miletius et de ses huit fils venus d'Espagne avec une flotte de trente navires ; l'un des fils, Ir, serait mort d'épuisement après avoir ramé de la côte à la Grande Skellig où il aurait été enterré ; on rapporte que la fille unique de Miletius, Fial, se serait baignée nue dans le cours d'eau qui relie le Lough Currane à l'océan (et abrite le meilleur pool à truites de mer de Waterville), et, aperçue dans sa nudité par des témoins, en serait morte de honte. Des certitudes retenons ces miettes : saint Fionan fonda le monastère vers l'an 600 ; deux siècles plus tard les Vikings vinrent souvent trucider les moines qui parvinrent cependant à convertir au moins l'un d'entre eux, Olaf Trygveson, fils du roi de Norvège ; baptisé en 956 sur la Grande Skellig, il retourna dans son pays succéder à son père et introduire le christianisme en Norvège. Les Suédois et les Danois levèrent une armée contre lui. Il fut tué en l'an 1000. Quant aux moines, bien plus tard, à la fin du Moyen Âge, Rome commença à les avoir à l'œil et somma un jour ces esprits un rien libertaires de rentrer dans le rang, c'est-à-dire de rejoindre la Grande Terre et des ordres moins indépendants.

Skellig Michael est noire. Inscrite dans une arche du monastère certainement bâtie à cet effet, la petite Skellig est blanche. À cause des fientes d'oiseaux, supposons-nous. Certes, la roche est couverte de guano, mais c'est seulement un badigeon d'apprêt sous une *couche d'oiseaux* : des milliers de fous de Bassan, vingt mille couples d'après Joe Roddy, enneigent l'îlot de flocons que soulève le vent.

Annie est fascinée par tous les oiseaux, de la mésange au cormoran et du rouge-gorge à l'oie bernache (que l'on va observer en hiver dans la ria de Pont-l'Abbé), mais c'est du fou de Bassan qu'elle est amoureuse. Magnifique et puissant oiseau au cou doré, il paraît planer sans effort au-dessus du bateau qui file à dix nœuds et soudain le dépasse, s'en éloigne loin devant, toujours du même vol nonchalant. Les ailes horizontales, il incline drôlement la tête et inspecte son coin de pêche. Les inventeurs du Concorde se sont inspirés de son bec et les stukas ne faisaient qu'imiter sa plongée en piqué vertical.

Je ne me risquerai pas à différencier les razorbills des guillemots. En revanche, il n'y a pas à vérifier l'identité des macareux, à cause de leur gros bec noir et orangé. Familiers, ils acceptent d'être approchés de très près. Ce que nous ignorions, c'est qu'ils nichent dans des terriers, à l'intérieur desquels ils grognent bizarrement. On dirait que l'île résonne du ronronnement rageur, assourdi par la terre, de plusieurs centaines de tronçonneuses.

L'œil et l'esprit gavés, muets, médusés de beauté, nous redescendons l'escalier à l'appel de la trompe du bateau. Nous sommes les derniers. Les autres attendent depuis une heure peut-être, victimes de l'angoisse du continental sur une île, qui fait qu'à peine débarqué à Sein, à Ouessant ou à Groix, m'a-t-on raconté, il s'enquiert déjà de l'heure du départ.

Je demande à Joe Roddy la permission de rester avec lui dans la cabine. Il consentira de bonne grâce à bavarder, assis sur son siège suspendu d'un gros ressort à boudins (« Les reins, vous comprenez... »), tandis que pour ma part, debout, d'une main je m'appuie au tableau de bord et de l'autre m'accroche à une poignée vissée entre les deux hublots de tribord. Nous parlerons, dans le désordre : des vins de Bordeaux et du cognac Hennessy, son préféré, une maison créée par des Irlandais, soutient-il ; du général de Gaulle, pas étonnant qu'il soit venu en pèlerinage en Irlande avant de mourir, il avait du sang irlandais, m'affirme Joe ; nous évoquerons les parents et les oncles de Joe, tous d'anciens gardiens de phare (« Où ça ? – Partout dans le coin, de Valencia à Hog's Head ») ; il me parlera des baleines, qu'il photographie à l'occasion (il me montre des photos d'un cétacé qu'il appelle *pink whale* – mystérieuse baleine rose qui hante les deliriums tremens des marins quand les terriens s'en tiennent aux éléphants ?) ; nous plaindrons les touristes, qui ont souvent le mal de mer et ne s'habillent pas chaudement, bien pour ça que Joe a tout le nécessaire à bord ; nous parlerons enfin du nombre de passagers qu'il a transportés (« Plus de quarante mille personnes »), et des nouveaux règlements :

« Autrefois il n'y en avait pas, je pouvais prendre autant de monde et faire autant d'allers-retours que je voulais dans la journée, jusqu'à six, en plein été. Aujourd'hui, je suis limité à dix personnes et on ne m'autorise qu'à deux voyages par jour, mais à présent un seul me suffit, à mon âge. Et puis il faut bien admettre que trop de monde sur cette île, ça finirait par dégrader le site, chacun peut comprendre ça. »

Plus nous approchons, plus l'écran noir de la falaise de Bolus Head s'élève vers le ciel, monstrueuse enclume des dieux naufrageurs, gigantesque porte de pierre d'une forge secrète qui résonne des coups sourds des lames dans les grottes sous-marines. Une éclaircie du côté du couchant éclaire à son sommet une immense statue païenne armée de piques, à la bouche féroce et aux yeux rectangulaires – un sémaphore. Le ciel est d'encre, la pluie menace. Face à Ballinskelligs, je cherche en vain le chenal entre les récifs. Comment ferais-je, me dis-je, tout fier de mon permis mer obtenu au printemps, pour ramener ce joli monde à bon port si Joe Roddy avait un malaise ? Point de balises, point de bouées cardinales, point de marques signalant des dangers isolés. Me fiant à mes observations de fin de matinée, je choisis mentalement un passage entre deux roches. Raté. Joe Roddy en emprunte un autre. La marée est descendue. Là où nous sommes passés à l'aller, des roches affleurent. J'aurais talonné. Joe Roddy hèle un type qui promène son chien sur le quai et lui jette l'amarre.

« Et voilà, me dit-il, un tour de plus.

– Malgré ces milliers de fois, éprouvez-vous toujours quelque chose quand vous allez aux Skelligs ?

– Bien sûr, ce n'est pas aussi fort qu'au début. Mais à chaque fois je ne peux pas m'empêcher de penser à ces gens qui ont vécu sur ce rocher, il y a mille ans. »

Au pub, à l'heure du thé, un après-midi de printemps.

Si j'étais sculpteur et devais réaliser l'effigie de la jouissance d'être, je prendrais ce vieil homme pour modèle.

On ne s'étonnera pas qu'il soit vêtu d'un costume noir râpé et d'une chemise blanche. Son chapeau est posé sur la table et sa canne repose contre une chaise. Ses longs cheveux blancs coiffés en arrière rebiquent sur la nuque et les oreilles, ce qui dénote un détachement certain à l'égard des conventions – ma chère maman estimerait qu'il n'est pas « propre sur lui », qui oblige mon cher papa à se faire tailler sa couronne par ma fille aînée dès que trois cheveux dépassent du pavillon.

Notre modèle est assis dans l'angle de la banquette sous la fenêtre, à gauche en entrant. Les reins calés, le visage baigné d'un rayon de soleil – soleil d'avril, à peine tiède – il est à demi allongé, chevilles croisées, la main gauche sur l'estomac, l'autre tenant tour à tour une cigarette et un verre de whiskey sec, qu'il a l'intention de faire durer l'une comme l'autre. Il tire de petites bouffées, trempe ses lèvres dans le whiskey, ferme les yeux et soupire d'aise.

Je voudrais être ce vieux, quand je serai vieux.

Entre un couple, un homme et une femme aussi âgés que lui. Ils se saluent. La vieille dame échange quelques mots avec le vieil homme, qui n'esquisse pas un geste pour se lever. Rien ne pourrait interrompre ses instants de jouissance. Ils s'appellent par leurs prénoms. Annie me chuchote : « Ils ont été à l'école primaire ensemble. » Pourquoi pas ? Été amoureux l'un de l'autre, dans le temps, et mené leur vie dans des directions opposées ? Le couple est vêtu chic, en habit du dimanche au milieu de la semaine. Robe à fleurs, cardigan et manteau droit ; veste en tweed, chemise sport, pantalon gris et cravate. La vieille dame prend un Bailey's et son mari un Perrier. Parce que sa femme l'a mis au régime, suite à la prescription de la Faculté ? Sa trogne rubiconde et sa brioche démontrent qu'il n'a pas bu que de l'eau gazeuse, dans le passé. La vieille dame a-t-elle été amoureuse du vieil homme, au temps du collège ? Regrette-t-elle de ne l'avoir pas épousé ? Le supposé copain d'enfance est resté bel homme, tandis que le mari n'aspire plus qu'à vivre en pyjama froissé. Ne prenons pas tout cela au pied de la lettre : déformation professionnelle, métier du romancier que de fournir des destins à des personnages. Quoi qu'il en soit, l'époux a une tête à avoir été dans les affaires. Pourquoi cet arrêt chez Eddie's, au beau milieu de l'après-midi ? La vieille dame voulait-elle célébrer quelque chose en buvant un Bailey's, et son mari y a consenti malgré l'obligation du tristounet Perrier ? Vente ou achat d'un bien ? Règlement des formalités de la messe de mariage d'une petite-fille ou d'un petit-fils ? Commande du repas de noce chez Burke's, le restaurateur d'à côté ?

Le vieil homme s'en balance : il tète sa cigarette, sirote son whiskey et offre son visage à la caresse du soleil.

Au bar, trois types désœuvrés descendent pinte sur pinte et parlent bagnoles, machines à laver et branchements électriques.

Survient en coup de vent un alcoolique au long nez pointu, un nez de renard, dirons-nous, pour rimer avec pochard, et regard, le sien, qui balaie les bouteilles. Il en montre une du doigt, dit « un double », et commande en sus une pinte de Smithwick's. La bouteille est une bouteille de porto. Il avale son verre d'un trait, se rince la bouche à la bière, éructe, finit sa pinte, paie (£ 4.95) et s'en va.

À l'écart, dans l'ombre près de la porte des toilettes, un solitaire assis sur un tabouret joue au poker contre un jeu électronique. Gagne-t-il des parties gratuites ?

Le vieil homme s'en balance. Il s'est laissé glisser de quelques centimètres pour accompagner la course du soleil, cherche de l'arrondi contre ses reins, le trouve, décroise les chevilles, les croise inversement, tète sa cigarette, sirote son whiskey.

Déluge de grêle sur la presqu'île de Dingle. À l'intérieur de ce pub de Ballyferriter, les voyageurs transis sont en adoration devant le feu, « plutôt un *être social* qu'un *être naturel* » a écrit Gaston Bachelard dans *La Psychanalyse du feu*, un ouvrage que j'ai dévoré, adolescent, en y découvrant, échauffé, de savantes – et souvent hermétiques, avouons-le – explications à mon goût enfantin des feux entre trois pierres au détour d'un talus, outre de quoi briller auprès des lycéennes dans les bistrots du port en citant d'abondance le chapitre intitulé « Le feu sexualisé » et le symbolisme du bâton frotté dans le creuset du tronc pour faire jaillir l'étincelle et allumer le jonc. Aujourd'hui, du livre de Bachelard je retiendrai plus modestement cette phrase limpide : « J'aimerais mieux, je crois, manquer une leçon de philosophie que manquer mon feu du matin. » Comme je n'ai pas de cheminée dans mon bureau, mon feu est du soir et du salon, mais comment le philosophe aurait-il traduit ma volonté de ne brûler de bois que je n'aie moi-même coupé ? Et sur les îles du Carra et du Mask, la prérogative que me laisse mon épouse de gratter l'allumette sous le bois mort qu'elle a ramassé ? Le soin qu'elle se réserve de poser la bouilloire sur les braises et de servir le thé ? À chercher les symboles s'amusera qui voudra.

Aux alentours de midi, nous sommes quatre à souffler sur notre mug de thé brûlant, devant le feu de tourbe : deux jeunes filles, ma femme et moi. Contre le mur du pub, nous avons vu deux vélos lestés de bagages : aucun mérite à deviner que ce sont les vélos des filles, dont les sacs à dos reposent par terre, près de l'âtre.

«Vous visitez la presqu'île ou vous allez plus loin ? » me demande l'une d'elles, une blonde aux yeux rieurs. Sa copine, plutôt brune – un auburn très foncé –, paraît plus timide. Elle sourit, assise à même le carrelage, dans la position de la petite sirène de Copenhague. Je réponds que nous remontons du Kerry vers le Donegal pour revoir des endroits que nous aimons bien. Nous passerons la nuit à Dingle. Et elles ? Elles visitent le Kerry, ce qui leur suffit amplement. À vélo, n'est-ce pas, les distances ne sont pas les mêmes qu'en voiture.

La brune est irlandaise, du comté Wicklow. La blonde s'appelle Shirry, elle est israélienne, a étudié le marketing et la communication aux États-Unis et passe un an à Trinity College avant de retourner à Tel-Aviv, où elle cherchera du travail.

« Et ce sera la fin du bon temps. Et vous, que faites-vous dans la vie ? Attendez, j'essaie de deviner. Journaliste ?

– Écrivain.

– Écrivain ? Et on peut trouver vos livres en Irlande ?

– Certains, mais en français.

– Oh ! ça ne fait rien. *J'ai appris un peu de français.* Aux États-Unis ! Je suivais les cours de… vous savez, ces cours du soir, à l'ambassade de France.

– L'Alliance française ?

– Oui, c'est ça. Mais j'ai dû abandonner. Trop cher.

– Trop cher ? J'aurais cru que c'était gratuit.

– Non ! Plutôt cher, pour une étudiante ! Alors, vos livres, on peut les trouver à Dublin ?

– Je l'ignore. Mais à Galway certainement, chez Kenny's.

– Formidable ! Nous irons peut-être à Galway. Enfin, si nous avons le temps. Je vais noter les titres. »

Elle prend un gros cahier dans son sac de voyage,

cherche une page vierge. Belle écriture féminine. En hébreu, des lignes qui doivent être des vers.

« J'ai envie de devenir écrivain, dit-elle en s'excusant presque. Je note tous les jours un tas de choses, depuis que j'ai commencé mes études aux États-Unis.

– Alors, ce cahier est précieux. Plus précieux qu'un passeport.

– Voudriez-vous écrire quelques mots sur cette page et signer ? »

Je m'exécute. Shirry est ravie.

« Voilà, il est encore plus précieux maintenant. Peut-être un jour serez-vous célèbre en Israël ? »

Chère future consœur, je crains que ce bonheur survienne longtemps après que j'aurai dépassé l'âge d'Abraham.

« Vous le serez avant moi. »

En disant cela, je tressaille. Shirry ne serait-elle pas l'héroïne de cette anecdote que m'a rapportée l'écrivain Bernard MacLaverty ? À la sortie de Limerick, une jeune routarde étrangère est prise en stop par un Anglais.

« Où allez-vous ? demande-t-il.

– N'importe où. Et vous ?

– N'importe où, aussi. Vous visitez l'Irlande ?

– En quelque sorte. Je vais où le hasard me mène. Ça convient très bien à ce que je suis en train de faire.

– Je peux savoir quoi ?

– J'écris un journal de voyage en Irlande.

– Pas possible, dit l'Anglais, moi aussi ! »

Entre Castelgregory et Tralee, une longue, très longue, une scandaleuse ligne droite. Messieurs les Irlandais, veuillez nous faire sinuer cette route, s'il vous plaît !

Du côté de Miltown, comté Clare, un clocher en forme de tour ronde. À moins qu'on n'ait bâti l'église contre la tour ronde pour s'épargner la construction d'un clocher ?

Non loin de là, un ruisseau maigrelet, le Creegh. Un petit barrage de pierres – plus un gué qu'un barrage – crée une chute. Dans le but de faire chanter l'eau et de bercer les jours et les nuits des gens qui habitent à côté ? Ils ont baptisé leur maison « Niagara ».

Sous cette influence, à notre tour de céder à l'emphase. Les failles blanches, les strates dénudées du Burren sont les immenses marches d'un gigantesque temple aztèque. Là-haut, cette silhouette en long manteau sur le terre-plein du point de vue de Corkscrew Hill, n'est-ce pas un grand prêtre occupé à arracher le cœur d'une vierge au tire-bouchon (*corkscrew*) ?

Prononcer *corkscrew* est un excellent exercice de diction et je laisse le soin à mes amis de réclamer l'ustensile à Fiona, la fille de Mrs. O'Leary, quand ils en ont besoin pour déboucher une des bouteilles de médoc qu'ils apportent. La difficulté suscite les rires et n'incite pas Fiona à parler français : « Elle a trop peur que vous vous moquiez d'elle », me dit Mrs. O'Leary. « Comment oserait-on se moquer

d'elle ? Elle ne se moque pas de nous quand nous pro-
nonçons *corkscrew.* » Charlotte s'en tire à la perfection.
Mes amis ont-ils besoin d'un décapsuleur que je leur
joue un tour (éventé, à force). Je leur dis de demander
un openbottlener. «*Yes of course, an openbottlener*», dit
Fiona en ouvrant le tiroir du buffet avec un sourire
entendu. Puis, se retournant, elle me tance : « Hervé,
vous n'êtes pas gentil ! Tenez, Claude, ceci s'appelle
un *bottle opener*, pas un openbottlener. »

À Lisdoonvarna, ce panneau routier : *Elderly people
crossing* (attention aux gens âgés qui traversent). Tout
le monde ne connaissant pas l'anglais, mieux vaudrait
un pictogramme. On pourrait lancer un concours
d'idées. Une seule personne âgée ou un couple ? Avec
ou sans canne ? Bien droits ou se tenant les reins ?
Idée à creuser.

Lisdoonvarna, station thermale, fut beaucoup fré-
quentée par les prêtres. Âgés ou non, ils venaient y
prendre les eaux. Les touristes les ont remplacés : de
grands hôtels travaillent avec des tours opérateurs qui
prévoient ici une étape avant ou après la visite du
Burren.

En juillet 1881, le délicat Paul Bourget parcourt
cette région et restitue ses impressions dans *Études
anglaises*. Il admire les falaises de Moher « qui, à elles
seules, vaudraient le voyage », monte vers le nord et
parvient à Lisdoonvarna, « station thermale connue
depuis quelque dix ans, et qui sert de rendez-vous au
clergé irlandais. Sans doute, il vient là quelques
Anglais que les médecins envoient faire une cure de
silence et de calme, encore plutôt qu'une cure d'eaux,
après l'existence excessive de Londres. Mais l'aspect
mort des hôtels où végètent ces énervés contraste
étrangement avec le bruit et la gaieté des maisons où
discutent les prêtres. Le soir, après un dîner largement
arrosé d'ale et de whiskey, ces prêtres vaguent dans les
rues, par groupes. L'air vif a fouetté leur sang qui
colore leurs joues. Leurs redingotes ouvertes, leur

forte carrure, leur verbe haut, la sécurité de leur démarche, tout révèle en eux des personnages libres, indiscutés et hardis. Ils sont en vacances ici, et, une fois rentrés à leur auberge, joueront au *loo* – un jeu très analogue à *la mouche* dont il est parlé si spirituellement dans la *Béatrix* de Balzac – très tard dans la nuit ».

De tout temps, semble-t-il donc, les curés irlandais ont été des personnages. Indiscutés, ils ne le sont plus. Trop d'affaires de pédophilie. Aïe ! Aïe ! Aïe ! Vais-je encore subir les foudres d'un journaliste qui, à propos d'un autre texte, qu'il encense d'abord, m'accuse de basculer « soudain dans le cynisme mesquin et l'anti-cléricalisme primaire » et d'être l'un de « ces videurs de berceaux qui courent chercher sur l'île aux enfants un peu de la chaleur de vivre qu'ils ont contribué à éteindre chez eux ». Diable ! Mes bien chers frères, mes bien chères sœurs, sachez que je n'aimerais rien tant que tous les membres du clergé soient de bons bergers, respectueux de la parole des Évangiles, et non pas, pour certains, des nostalgiques de l'Inquisition. Il m'est arrivé de dire lors d'une interview à la radio que malgré tous ses défauts l'Église catholique irlandaise a eu longtemps le mérite de maintenir un tissu social qui s'est délité chez nous. Au prix d'une « dictature morale qui n'a pas de rebelles », lit-on dans l'ouvrage de Paul Bourget, qui précise ainsi sa pensée : « Un de mes amis me raconte que les curés, eux-mêmes d'une chasteté irréprochable, ont maintenu la chasteté parmi les fidèles à force de terreur, apostrophant les coupables en pleine église, et encore aujourd'hui, diri-geant contre eux des allusions à peine voilées, sans que personne fasse que baisser la tête. » Il faudrait être plus catholique que le Saint-Père pour nier que les curés ne sont plus d'une chasteté irréprochable et que les frasques des égarés, qu'on ne tait plus, donnent la tentation aux croyants de glisser vers l'hérésie. Pen-dant longtemps l'Église a trop chargé le joug : celui qui s'en libère bondit de joie, effectue des cabrioles, rit aux éclats, ce qui ne veut pas dire qu'il en perd automatiquement la foi. Il y a toujours autant de fidèles dans les chapelles, je l'ai déjà dit, et il y a toujours de bons curés, en Irlande comme ailleurs. Mais les affaires de la prêtrise, ces dernières dix années, ont gravi un échelon, sont passées des faits divers au rang de faits de société. Le dire n'est pas blasphémer. Le 13 mars 1999, le père Sean Fortune, de New Ross, comté Wexford, s'est suicidé. Pesaient sur lui vingt-neuf accusations d'abus sexuels à l'égard de jeunes garçons. C'est un fait, pas un jugement. Ne confondons pas lucidité et anticléricalisme. L'Église ayant entrepris de balayer devant son parvis, qui voudrait aujourd'hui se mettre du curé sous la fourchette, à part quelques vieux radicaux-socialistes par extraordinaire encore en vie ?

En Irlande, il y a soixante ans, il en coûtait drôlement aux écrivains d'égratigner le clergé. *An Irish Journey*, de Sean O'Faolain, fut censuré, retiré de la vente et jamais réimprimé parce qu'on pouvait y lire « qu'il n'y a pas en Irlande un prêtre qui n'aime boire son coup comme n'importe quel laïque », et que l'auteur se permet d'évoquer un évêque qui, « lors d'un pari, avait bu cul sec une pinte de black velvet à l'hôtel Josie Mongan de Carna ».

Plus amusantes, toujours sous la plume de Sean O'Faolain, ces lignes à propos de Ballinrobe, mon deuxième village si l'Irlande est ma deuxième patrie. Ce bourg serait-il à ce point éloigné de tout, sauvage ou réputé iconoclaste que Sean O'Faolain puisse en dire : « Ballinrobe est un lieu où un curé, tout comme un employé de banque, peut être expédié par l'évêque, ou le patron, soit pour l'endurcir, soit pour le punir » ?

L'Irlande *s'américanise* : dans ce restaurant de Dingle, voulant fumer une cigarette après le repas, j'ai dû déménager dans un recoin, en compagnie de deux Allemandes comme moi chassées du paradis – tables avec vue sur le port – par les panonceaux *No Smoking* qui fleurissent un peu partout.

L'Irlande se *continentalise* : lois européennes obligent, la dame qui fournit des poulets fermiers à Mrs. O'Leary devra réaliser vingt mille livres d'investissements (atelier d'abattage, chambre froide, camionnette réfrigérée, etc.) ou abandonner son élevage. Pour l'heure, le boucher continue de lui acheter ses poulets, mais comme ils n'ont pas le cachet de la Norme sanitaire, il les vend sous le manteau. Mrs. O'Leary me dit : « Il faut glisser à l'oreille du boucher "un poulet de dessous le comptoir, s'il vous plaît". » Cuit dans la cuisinière à bois, ce poulet aura la peau craquante des coqs d'autrefois, qui passaient à la casserole en décembre et ne chantaient jamais Noël.

Le feu, toujours le feu : dans Roundstone désert en ce début mai, pour prendre un verre avant de dîner, nous espionnons par la vitrine des pubs et choisissons celui où le plus grand feu éclaire la cheminée.

À l'hôtel les deux crabes nature seront décortiqués et le *cheese cake* au gingembre parfumé au Bailey's. Nous sommes les seuls clients.

Sur le green d'un golf réputé, les courlis demeurent indifférents à la mitraille. Du premier au dix-huitième trou, ils effectuent des sauts/vols de puce en précédant les golfeurs dont les pas ameublissent le sol et font sortir les lombrics (dans les prairies, c'est ainsi que le pêcheur pratique : il piétine le sol, sur place, comme un fantassin qui marque le pas, et surgissent en se tortillant les vers de terre à tête noire). À la place des longs becs, je me méfierais des balles perdues, sauterais la clôture et m'en irais arpenter l'herbe rase, le long de la plage et de l'océan vert lagon.

À Cleggan, près de l'embarcadère pour l'île d'Inishbofin, un petit malin a aménagé quelques places de parking dans son jardin. 2 £ par jour.

À Cleggan, nous sommes attirés par la terrasse vitrée d'un pub d'où nous verrons le paysage sans braver un vent du nord têtu. Mauvais choix. À peine sommes-nous assis que la patronne change de disque et nous met du bêlant folklorique. Signe de bienvenue ? Façon de nous prévenir : vous êtes des étrangers, je le sais, et des touristes pendant toute la saison j'en vois défiler des milliers. Elle ne se départ pas d'un air revêche et me rend de grosses pièces qui n'ont plus cours. Ne soyons pas mesquin. Je lui fais simplement observer que ces pièces pèsent leur poids, et encaisse à la fois la monnaie et l'avanie. Le barman d'un hôtel, à Kylemore, me dira qu'il n'a pas vu de ces pièces depuis au moins dix ans.

Accordons des circonstances atténuantes à la dame. En ce haut lieu de passage estival, elle en a probablement jusque-là des touristes. De même que la voiture transforme l'automobiliste en chien enragé, ou que le service militaire transforme le conscrit en cochon débondé, qui pète et rote à l'envi, la terre étrangère semble exonérer l'individu mal éduqué de toute politesse.

À Portfin Lodge, Leenane, on nous a donné la plus belle chambre : celle dont les trois baies vitrées offrent une vue panoramique sur Killary Harbour, de l'aval vers l'amont. Au premier plan, à droite, le hameau ; plus loin la route côtière, le cimetière et l'église ; à gauche, le Ben Gorm, avant-poste des Mweelrea Mountains et des Sheffry Hills, et l'embouchure de la Delphi Fishery ; au fond, l'Erriff.

Nous allons au pub The Field prendre un verre de whiskey, au coin du feu, comme on s'en doute. Ici, aussi bien que dans toutes nos *stations* préférées (« stations » appartient à ce vocabulaire acquis dans mon enfance, à la campagne, au contact de mes oncles et tantes métayers ; le mot qualifie les nombreux estaminets à la tentation desquels le journalier intempérant succombe sur le chemin du retour, le soir, de la ferme de son patron au penty où l'attend sa femme, le balai vert à la main, derrière la porte ; mais je ne saurais dire si les locuteurs se référaient aux chemins de fer ou au chemin de croix), nous ressentons cette sensation d'immuabilité qui nous donne l'illusion de ne pas vieillir. Au coin du bar, le balèze coiffé d'un bonnet de laine semble n'avoir pas bougé depuis l'an dernier. Le patron, un lutin barbu, sec et efficace, aux gestes saccadés d'automate, n'a rien perdu de son entrain. Il veille à tout : à la propreté du zinc, des tables, des cendriers ; veille à alimenter le feu de grosses bûches ; veille au grain quand le géant élève la voix sous son bonnet. Commander un Black Bush vous vaut les égards qu'on accorde aux jouisseurs. Le patron arrache la bouteille des mains du jeune homme embarrassé qui apprend le métier, et nous le sert lui-même, avec le sérieux d'un diacre versant le vin de messe à l'archevêque. Qu'on ne craigne pas pour notre santé : le whiskey est mesuré dans une dosette en étain de deux centilitres virgule cinq, et nous n'en prenons qu'un par soirée.

Nous dînons à côté, dans un petit restaurant – coffee shop dans la journée – dont je ne dirais pas qu'il est chic, ce serait excessif, mais en tout cas très bien tenu et joliment décoré par les dames qui le gèrent et y entretiennent une atmosphère de dîner aux chandelles. Les gens s'habillent pour y aller. Une table est occupée par un couple d'Irlandais d'une soixantaine d'années. La dame est en robe, le monsieur en veston et cravate, et Annie et moi sommes au diapason. Nous commandons du crabe et de la morue fraîche pêchée la veille au large de Clifden.

Deux touristes entrent. Des Belges. Ils ont réservé pour six personnes, disent à la restauratrice que « les quatre Français vont bientôt arriver » mais préfèrent s'isoler à une table de deux, entre nous et la table que les Français occuperont. On comprendra pourquoi ils tiennent à garder leurs distances.

Les quatre pêcheurs français (trois hommes dans la cinquantaine et un jeune homme, sans doute le fils de l'un d'entre eux) investissent les lieux avec la brutalité d'une armée d'occupation. Il ne viendrait pas à l'idée de ces rustres-là que des Irlandais puissent comprendre le français ou que des Français, qui n'ont pas leur allure, puissent se trouver dans la salle. Ils ne parlent pas, ils gueulent, et plaisantent grassement sur : le menu, la carte des vins, l'odieux silence qui régnerait s'ils n'étaient pas là pour mettre de l'ambiance, et vont même, en détaillant l'anatomie de la serveuse, jusqu'à l'évocation de la saveur des moules irlandaises *(sic)*. Les Belges se doutent – à une grimace qui nous a échappé ? – que nous sommes français. Ils cherchent mon regard, en quête d'appui, que nous soyons quatre contre quatre, que le niveau de la conversation s'élève, qu'ils ne soient pas considérés comme complices de cette bande d'abrutis. Nous nous gardons bien de nous manifester, de crainte que les lourdingues ne veuillent fraterniser. Les Belges courbent l'échine, coupent court à certains dialogues, ne relèvent pas le défi qu'on leur lance : « Les Belges bouffent trop de moules-frites, ils savent pas pêcher ! Le premier saumon sera pour nous. Vous allez l'avoir dans le cul, les gars ! »

Je paie la note et nous nous levons. Les Français disent quelque chose de désagréable à notre propos, qu'on ne comprend pas très bien, du genre : « Z'avez vu ces deux-là, y a quèque chose qui leur plaît pas ou quoi ? Z'ont avalé un manche à balai ? » Les Belges sont mortifiés.

« Monsieur et madame sont français, dit l'un d'entre eux.

– Ah ouais ? Pas possible ?

– Je crois bien que oui », dit le Belge en m'adressant un clin d'œil.

Je réponds à son clin d'œil et nous sortons.

Fonçons prendre une demi-pinte de Harp au Field, pour nous remettre. Et comparer la trace que laisseront ces quatre hommes en Irlande à la traînée d'une limace. Et songer à d'autres Français, au petit déjeuner, dans un hôtel de Bangkok : des commerciaux aux performances récompensées par un voyage exotique, des pères de famille, et peut-être de jeunes grands-pères, caressant chacun une fillette d'une douzaine d'années assise sur leurs genoux, et comparant avec force détails et grands éclats de voix la docilité active de leur achat d'une nuit.

Le cochon qui sommeille se réveille à l'étranger.

Il y a très peu d'eau dans l'Erriff, et un seul pêcheur. Le règlement n'a pas changé, semble-t-il : si de la journée vous n'avez pas pris un saumon à la mouche, vous avez le droit de tenter votre chance en utilisant des techniques moins élégantes. À dix-sept heures précises, un vieil homme tout équipé de neuf lance un poisson nageur en travers du pool en aval du pont.

Une camionnette se gare sur le terre-plein qui domine le fleuve. Je crois voir un mirage. Ce véhicule, je le croise presque à chaque fois que je viens dans cet endroit. Un intersigne de plus ? Cette camionnette est très particulière. On peut lire sur ses flancs : *Ecclesiastic supplies*, fournitures d'objets du culte. Son conducteur est-il un pêcheur (et pécheur, s'il pêche pendant ses heures de travail), ou bien un vendeur à la sauvette de médailles porte-bonheur susceptibles de faire mordre le poisson ? À l'effigie du saint patron des pêcheurs à la ligne ? Suite à une étude de marketing mix réalisée par un fabricant de gadgets taiwanais ? Saint Yves, priez pour nous !

Le marketing et ses dérivés, un secteur économique qui me sollicite de temps en temps pour l'écriture de scénarios de vidéos institutionnelles, sont d'un maniement délicat. Ainsi cet ours, enseigne de la société propriétaire des grottes d'Aillwee, au sud de Ballyvaughan, a toujours produit sur mon esprit méfiant, quinze fois, vingt fois, un effet contraire à celui recherché : vision d'un ours brun empaillé qui a hanté cette grotte, exposé derrière une vitre, et des centaines de touristes nigauds tombant dans ce piège à gogos.

Cette année, nous sommes dans d'excellentes dispositions, enclins à nous faire arnaquer de bon cœur et à payer quelques livres le plaisir de vérifier la justesse de nos intuitions, comme au poker on pourrait payer pour voir, non pas dans l'espoir de gagner, mais dans celui de perdre et d'avoir ainsi la preuve que, décidément, on n'est pas fait pour ce jeu-là. Raisonnement tordu ? Je ne le nierai pas.

Perdu : il n'y avait pas d'arnaque. Par petits groupes, sous la houlette d'un guide muni d'un talkie-walkie et d'une grosse lampe-torche, on parcourt sur plus d'un kilomètre une galerie souterraine creusée dans le calcaire par les eaux de ruissellement. Par endroits vaste comme une salle de danse où se rejoindront dans un millénaire ou deux des stalactites et des stalagmites en bourgeon, la galerie se rétrécit à d'autres, devient boyau de sape dans lequel il faut se faufiler à la file indienne et marcher en canard – claustrophobes s'abstenir.

Au fait, pourquoi un ours sur l'enseigne ? À cause d'un squelette de plantigrade découvert dans un recoin. Avait-il croqué quelque homme ou femme ? Non point, aucune trace d'humain, ni ossements, ni peintures rupestres. Un ours, et un seul, fréquenta ces grottes, vers l'an mille. Prisonnier d'un éboulement, serait-il mort de faim ? Nous avons un léger creux à l'estomac quand nous retrouvons la lumière du jour, sous le dôme du Potato Bar. Nous reprenons la route.

Quatorze heures dix, il est urgent de s'arrêter manger un sandwich si nous ne voulons pas jeûner. Le dimanche, les pubs ferment à quatorze heures trente.

Le dimanche, passé treize heures, ne pas se fier aux rues désertes. Les villages ne sont pas morts, leur vie est *intériorisée* : le pub Lowe's est plein à craquer de paysans qui passeront l'après-midi à bavarder et à boire de la bière. Dans une pièce voisine, des ados regardent un match de football à la télévision.

Nous commandons un sandwich et un verre de Harp et nous asseyons sur la banquette, devant la fenêtre.

À quatorze heures vingt-cinq, le patron nous prie de nous lever.

« Désolé, il faut que je ferme la fenêtre. »

Il la condamne ! Ajuste à l'intérieur des volets en bois sur lesquels il tire des doubles rideaux.

«Vous passez de bonnes vacances ? Pas la première fois que vous venez en Irlande, n'est-ce pas ? Vous devez connaître cette loi qui nous oblige à fermer le dimanche. C'est complètement stupide, parce que personne n'ignore qu'il y a du monde à l'intérieur de tous les pubs. On pourrait se contenter de fermer la porte si nous n'avions pas un problème particulier. Il y a en face une dame, près de la poste, qui nous surveille de près. Si à quatorze heures trente précises les volets ne sont pas posés et la porte bouclée, elle téléphone à la Garda. Ils aimeraient bien fermer les yeux, mais impossible, car s'ils ne se déplacent pas elle téléphone à leurs chefs, à Limerick ou à Dublin, et serait bien capable d'appeler le ministre. Si elle téléphone, ils sont obligés de venir et de nous coller une amende. Peu importe, ça n'arrivera pas aujourd'hui, les volets sont posés. Mangez tranquillement et prenez une autre bière si vous voulez. »

Quinze heures trente, nous voulons sortir. D'ordinaire, la porte est fermée par un loquet, qu'il suffit de tirer. On vient le repousser derrière vous. Chez Lowe's, c'est du sérieux : fermé à double tour. La barmaid nous a vus nous lever. Elle arrive avec la clé, la tourne dans la serrure, tire le loquet du dessus.

« Un instant, s'il vous plaît. »

Elle passe la tête à l'extérieur, regarde à droite, à gauche, en face, vérifie une seconde fois.

« La voie est libre, pouvez y aller. Bye-bye ! »

En marchant vers la voiture nous scrutons les fenêtres des deux maisons de chaque côté de la poste. Aucun rideau ne bouge.

Nous sommes passés voir l'horaire des messes du dimanche à l'église de Ballinrobe. Elles n'étaient pas affichées. Je me renseigne auprès de Mrs. O'Leary. Elle me répond simplement : « Huit heures trente, dix heures et onze heures trente, Hervé. » Si ma question l'a surprise, elle ne le montre pas. Ne lui ai-je pas dit, une autre année, être devenu un affreux mécréant dès l'âge de douze ans, sitôt dépouillé de mon costume de communiant ? Un communiant modèle, pourtant, toujours premier au catéchisme pour gagner un abonnement à *Cœur Vaillant* (et la dernière année je fus trahi par le curé, qui sans prévenir remplaça l'abonnement par un crucifix), enfant de chœur à l'occasion, mais à l'âme noire, Julien Sorel en herbe, et non en devenir, Dieu soit loué, et révolté déjà, sous l'influence d'un père cheminot et cégétiste, par l'alliance de l'Église et du Capital qui me vaudra, lycéen, de fraterniser avec Karl Marx et de faire du *Manifeste du parti communiste* mon livre de chevet. Mrs. O'Leary reste de marbre. Elle ne croit pas que la grâce m'a touché mais se dit peut-être que je ressens le besoin d'un soupçon de transcendance à force d'immanence sur les lacs et au bord du canal de Cong. Nous avons eu des conversations au sujet de la religion.

« L'Église a beaucoup changé, Hervé, les prêtres sont devenus plus humbles. Ils ont cessé de vouloir régenter le pays et on ne croit plus maintenant que ce sont eux qui détiennent les clés du paradis. D'ailleurs, ils ne vous ennuient plus avec ces histoires de paradis et d'enfer, n'effraient plus les gens avec ces visions de flammes éternelles. S'il y a une autre vie après la mort, les élus seront ceux qui auront respecté leur prochain. »

Autrement dit, Dieu reconnaîtra les siens. C'est ce que j'ai toujours pensé. À l'heure de mon très éventuel jugement dernier, il saura que j'ai été un type sincère. D'ailleurs, on lit ce genre de choses agréables dans la Bible. La mienne, en cinq volumes, des abbés Glaire et Vigouroux, est paraît-il le must des musts, d'après ma tante, sœur Catherine-Marie de la Communauté des Sœurs d'Ernemont.

« Ce que je n'admets pas, Hervé, c'est qu'ils ne reviennent pas sur cette notion de limbes. Le mois dernier, une jeune femme a perdu son bébé, quelques heures après la naissance. Il a été enterré comme un chien, parce qu'il n'avait pas encore été baptisé. Le voilà condamné à errer éternellement on ne sait où, dans ces fameux limbes. Mais c'est pire que d'aller en enfer ! Quel mal avait-il fait, ce pauvre petit ? Vraiment, Hervé, je ne peux pas croire que ça existe, les limbes. Il faudra bien que Rome revoie cette question un jour. »

Deux semaines avant ce séjour dans le comté Mayo, nos amis ont perdu une nièce de quinze ans dans ces circonstances excessivement cruelles. Bien que la douceur de vivre irlandaise agisse comme un baume, la blessure est vive, et le restera longtemps, qui se rouvrira à chaque printemps, à chaque Noël, à chaque anniversaire des cousins et cousines. Charlotte, dont la main brûle encore d'avoir tenu celle de la petite sur son lit d'agonie, suggère que je l'accompagne à la messe, pour que je lui traduise le sermon. J'accepte. Pas un mot de plus n'est échangé à ce propos. L'amitié se bâtit sur le non-dit. Messe de la peine silencieuse, cette messe sera aussi messe du souvenir, messe pour conjurer les démons de l'oubli et l'égoïsme des vivants, auquel nul n'échappe, au moins pendant les heures de bonheur. Peu importe qu'on ait ou non la foi. Il y a dans la liturgie, le ton et le vocabulaire du prêtre une prégnance qui agit sur les esprits les plus matérialistes et fait d'une messe des morts une cérémonie qu'aucun discours laïque ne peut remplacer. Le lieu n'est pas indifférent : l'émotion est de qualité supérieure dans nos chapelles bretonnes, et atteint un sommet lorsque le chœur entonne en breton le *Jezuz pegen braz ve'plijadur an ene*. Sur le chapitre du salut des âmes, qu'elles appartiennent ou non à leurs ouailles, les prêtres, sinon le Vatican, ont avancé d'un grand pas sur les chemins de la tolérance. Ils acceptent que passent par l'église des mécréants notoires qui ont ajouté ce souhait à la liste de leurs dernières volontés, dans le souci, souvent, d'épargner à leurs proches l'horreur d'un enterrement civil. À mi-chemin entre l'hommage profane et la messe des morts, ponctuée de lectures, par des amis, d'extraits des Évangiles ou de charmantes et naïves oraisons funèbres écrites par des petits-enfants, ou encore d'un air ou d'une chanson que le mort appréciait – en guise d'encens, les paroles sulfureuses et la mélopée d'un rap autour du catafalque –, la cérémonie tient de la messe sèche, ou messe navale, c'est-à-dire sans consécration, que faisait dire Saint Louis au cours de ses voyages outre-mer, de peur que le mouvement du navire ne répandît le sang du Christ.

Le 27 juin 1999, à onze heures trente, me voilà donc dans une église pour assister à une messe qui ne soit ni de mariage ni d'enterrement, pour la première fois depuis mes douze ans. Et ce dimanche, ainsi que le précise le bulletin distribué à l'entrée et qui donne le programme de la messe, est le treizième *in ordinary time*, que je suis tenté de traduire, avec l'aide du calendrier, treizième dimanche après les Rameaux, parce que ça sonne bien, ça sonne comme dans le temps, quand j'allais à la messe – bien obligé, il fallait faire pointer sa carte d'assiduité par le curé du catéchisme. Au moment d'écrire ceci, je téléphonerai à mon ami Maurice Polard, traducteur des sermons du cardinal Newman, à ses yeux de linguiste le plus grand prosateur anglais, pour me faire expliquer cet *ordinary time*. Il m'apprend que l'année liturgique est divisée en Avent, Temps de la Nativité, Carême, Temps Pascal et... temps ordinaire. La bonne traduction, que confirment ses missels, est donc bien : treizième dimanche du temps de l'Ordinaire. Par un hasard étrange, cette messe pour moi extraordinaire, est aussi la messe de huitaine à la mémoire d'un jeune homme de dix-neuf ans décédé accidentellement. Soucieux de bien entendre, puisque je suis ici en qualité d'interprète (mais aussi, avouons-le, parce que depuis longtemps je désirais aller à la messe en Irlande), je cherche le bon angle, m'écarte des piliers, localise les haut-parleurs, bref m'approche de l'autel et, sans le vouloir vraiment, nous nous retrouvons au premier rang, cible de tous les regards. Gens bien élevés, nous portons une tenue de ville améliorée qu'autorisent les valises de vacanciers qui aiment les contrastes, apprécient de se dépiauter le soir de leurs gilets de pêche crasseux et s'habillent un peu pour dîner. Charlotte est en tailleur, la jupe est courte mais décente. J'ai mis une chemise claire et une cravate vert et rouge, les couleurs du Mayo. L'église est pleine de gens du bourg et de paysans des environs. En observant l'autel et le chœur je songe à ce que m'a dit Mrs. O'Leary, il y a quelques années.

« Êtes-vous allé à l'église, Hervé ? Non ? Ils ont éprouvé le besoin de la moderniser. À la place des boiseries derrière l'autel, ils ont installé une peinture moderne, dans les tons jaunes, que les gens n'aiment pas beaucoup. Ils pensent que l'argent que ça a coûté aurait été mieux utilisé à autre chose. »

Tandis que les fidèles s'installent et que résonnent dans l'église ces raclements de chaises... Halte-là, romanceur ! Comment as-tu pu entendre des raclements de chaises là où il n'y avait que des bancs et des prie-Dieu fixés les uns aux autres – un menuisier dirait : monoblocs ? De fait, j'ai l'impression de les avoir entendus. Illusion acoustique, phénomène mnémonique, hypermnésie. Reprenons :... et que résonnent dans l'église ces toussotements, bruits de portes et de pas si caractéristiques, la chorale chante en leitmotiv un antiphon, une antienne d'introduction sur une mélodie de gospel.

Le prêtre dit une messe parfaitement réglée, sans une seconde de temps mort. Une jolie jeune fille en jupe et chemisier légers vient chanter le Gloria. Ses vêtements simples, mais sûrement coûteux, témoignent d'une élégance de classe. Cette messe eût-elle été célébrée en Bretagne que j'aurais dit que c'était la fille du médecin, ou du dentiste, ou du notaire, ou du pharmacien du bourg. Ici, je serai plus lyrique : la fille d'un riche éleveur de chevaux. On l'imagine chevaucher un connemara sur les grèves d'Achill, cheveux au vent. Voix tendre et charnelle. Chante-t-elle aussi, dans les pubs, des chants moins sacrés mais tout aussi sentimentaux ? Donne-t-elle un autre ton, par sa tessiture, à ces tubes (je pense à *The Auld Triangle*) qu'arrache à ses cordes vocales, que je suppose *gommées* par l'alcool et le tabac (comme sont gommés par le goudron d'un mauvais mélange les segments d'un moteur), un Shane McGowan ? *If I should fall from grace with God...* Non, je verrais mieux cette jeune fille dans *The Dead*, le film de John Huston, d'après la nouvelle de James Joyce. Elle chanterait, au cours de la soirée chez miss Kate et miss Julia, la valse lente de *Mountains of Mourne*. Par ricochet, je me transporte sur ce marché de je ne sais plus quel village du Lubéron où j'ai acheté, cinquante francs, une édition originale de *Gens de Dublin*, dans la collection dirigée chez Plon par Charles Du Bos, avec la préface de Valery Larbaud. J'avais longuement bavardé avec le bouquiniste, chagriné de se séparer de ce volume mais en même temps ravi de le céder à un client *a priori* méritant.

Le « programme » distribué à l'entrée de l'église le laissait deviner, le prêtre est un type carré. Il suit son plan au mot près. Je lui trouve la froide efficacité d'un animateur de séminaires pour cadres supérieurs. Pas du genre, je suppose, à digresser sur la question du purgatoire, cette salle d'attente inventée par l'Église romaine de façon à récolter les indulgences en écus d'excellent aloi, une pratique que contesta Martin Luther au XVIe siècle. Seuls les riches pouvaient se payer ces prières destinées à écourter le séjour de leurs défunts dans l'antichambre du paradis. Récemment, Jean-Paul II a tranché là-dessus : le purgatoire demeurera ce sas aux vertus aseptisantes où les âmes en transit continueront d'éliminer toute trace d'attachement au mal, avec l'aide des saints de leur choix, mais des saints acquis à la cause du bénévolat, cela va de soi.

À supposer que notre prêtre officiant ait continué de récolter les indulgences, les aurait-il misées au *Lotto*, son péché mignon ? L'an dernier, un matin de bonne heure, je me suis trouvé avec lui à la maison de la presse. J'étais venu acheter le journal avant le petit déjeuner. Je n'avais qu'un billet de vingt livres, la vendeuse n'avait pas encore disposé son fonds de monnaie dans le tiroir de la caisse enregistreuse et je sentais que le curé s'impatientait en tapotant des papiers qu'il tenait à la main. Enfin, après avoir découvert à mon accent qu'il avait affaire à un étranger, il s'était décidé à remettre à la vendeuse une véritable liasse de grilles de *Lotto*. De retour à Villa Maria, je racontai l'anecdote à Mrs. O'Leary.

« Oui, me dit-elle, le père X joue au *Lotto* et en chaire il a autorisé les gens à le faire, à condition qu'ils reversent la moitié de leurs gains à la paroisse.

– Et s'est-il engagé à faire de même ?

– Que voulez-vous dire, Hervé ?

– À reverser à la paroisse la moitié de ses gains.

– Hervé ! Il joue pour la paroisse, pas pour lui personnellement ! »

Quel saint peut-on prier pour gagner au *Lotto* irlandais ? Saint Patrick, assurément.

Charlotte, tout comme moi, s'attendait à un sermon à l'ancienne, un discours violent que j'aurais eu beaucoup de mal à traduire, une giboulée d'anathèmes sur la tête et les épaules baissées des pécheurs, suivie du rayon de soleil de la mansuétude sous lequel les repentis se seraient ébroués comme merles dans flaque d'eau, après la flagellation de l'averse. Au lieu de cela, un sermon banal. Que notre présence au premier rang a inspiré ? Je veux bien le croire, car le regard du prêtre se pose souvent sur nous, pendant qu'il parle de l'accueil que tout bon chrétien doit réserver à l'étranger, qu'il doit considérer comme son frère et accueillir dans la maison de Dieu. Si nous sommes vraiment à l'origine du thème de son sermon, que ce prêtre soit remercié. Il n'aura pas affaire à des ingrats : l'an prochain nous retournerons à la grand-messe.

Presque tout le monde communie, et cela nécessite le renfort de trois diacres. La fin de l'office nous déconcerte. Le prêtre prononce ces mots : « Maintenant, échangez un geste d'amitié avec vos voisins. » Autour de nous, les fidèles se serrent la main. Que faire ? Embrasser Charlotte ma voisine ? Une vieille dame nous tire de l'embarras. Elle me tape sur l'épaule et serre ma main entre les siennes. Serre celle de notre amie entre les siennes.

Les pages deux et trois du programme de la messe de ce 27 juin 1999, treizième dimanche de l'Ordinaire, donc, constituent la Lettre de la Paroisse. La page trois contient des annonces diverses. Date de la sortie des retraités organisée par la Légion de Mary, réunion de l'office de tourisme, paroissiens de service (*Church Door Collectors*) pour la quête aux différentes messes du week-end suivant. Susceptible de faire jaser dans le bourg : *une somme d'argent rondelette a été trouvée vendredi après-midi, vers quatre heures, entre le parking près de l'église et le chemin d'accès aux berges du canal.* Si personne ne la réclame, sera-t-elle considérée comme un don du ciel ? Plus inquiétant, qui prouve que l'Irlande devient décidément matérialiste : *le cime-*

tière a un air plus présentable maintenant que les hautes herbes ont été coupées sur les concessions et un peu partout ailleurs. Ce serait formidable si des gens de bonne volonté voulaient bien se réunir lundi et mardi soir pour mettre l'herbe en tas. Vont-ils nous faire des cimetières désherbés à la française, avec sinistres allées gravillonnées et couvertures de marbre sous lesquelles l'orgueil des vivants écrase les défunts ? Dans ce cas, plaignons les moutons en liberté qui devront sur le ventre des morts brouter les roses artificielles, et en crèveront.

Quant aux vaches, elles vont être atteintes d'un mal qu'on pourrait qualifier de tourment ferroviaire si l'Irlande continue de *bouger* ainsi. L'autre jour, sur la route de Cork à Mallow, nous avons croisé deux trains en dix minutes. En dix ans, nous n'en avions pas vu un seul. On peut redouter de multiples cas de torticolis bovins. J'ose espérer que les Irlandais attachés aux vraies valeurs éradiqueront ce fléau de la seule manière qui vaille : ils supprimeront les trains.

Sur le parking de chez Cummins, qui jouxte les jardins de l'église, je songe au bain de jouvence de cette messe : les Irlandais nombreux à l'office comme les Bretons allaient nombreux à la grand-messe il y a moins de trente ans ; cette piété, cette foi affichée, ne nous empêchait pas de nous moquer des travers du curé (en général un goût immodéré pour la bonne chère et le vin de château, quand ce n'était pas – calomnie ou médisance ? – une louche affection à l'égard de sa *carabassen*, sa bonne, en breton). C'est le plus souvent avec humour que les Irlandais font à présent branler le piédestal sur lequel trônait jusqu'ici le clergé.

Je suis dans une autre ferme, au bord d'un autre lac. Le soleil a disparu derrière les collines, le lac devient lisse, les cygnes se regroupent dans une anse. Je regarde le paysage, assis dans le salon. Une voiture arrive au ralenti, se gare tout près de la berge, éteint ses phares. La jeune fille de la maison, treize ou quatorze ans, grande et décidée, un caractère, vient me demander si je ne manque de rien. Elle aperçoit la voiture. «Tiens ! dit-elle, voilà le père Untel.

– Un prêtre ? Il vient admirer le coucher de soleil ?

– Le soleil est déjà couché, Hervé. Non, il attend sa chérie.

– Sa chérie ?

– Mais oui, sa chérie. Attendez un peu, une deuxième voiture va bientôt arriver. Ils se donnent rendez-vous ici. Ils croient que personne ne les voit. Peuh ! Enfin, l'année prochaine il sera content !

– Ah ? Et pourquoi donc ?

– Facile à deviner ! Il aura un enfant de plus à baptiser ! »

Cette jeune personne moqueuse a dû entendre ce vieux proverbe gaélique : Le prêtre baptise d'abord son propre enfant.

Nous logeons à la lisière du Burren, à une trentaine de kilomètres du port de Doolin. Nous décidons d'aller passer l'après-midi à Inisheer, la plus méridionale des îles d'Aran. Notre hôte nous dit qu'il ne faut pas nous en faire pour les bateaux, qu'il y en a autant que de rames de métro. Quand la RATP est en grève, aurait-il dû ajouter. Il y en a quatre par jour. Nous choisissons le départ de midi. Par égard pour l'Irlande, où il est plus impoli d'arriver avant l'heure qu'après l'heure, nous prenons notre temps et sommes à midi moins cinq sur le quai duquel s'éloigne le ferry. «Trop tard !» me dit l'employé de la compagnie maritime, tandis qu'à portée de voix son collègue, à bord du ferry, s'occupe à lover l'amarre sur le pont. «Trop tard ? Mais il n'est pas midi !» Le gars hausse les épaules. «Vous prendrez celui de treize heures trente !» Certainement. Désormais informés que les bateaux partent *avant* l'heure dans un pays où les trains partent *à n'importe quelle* heure, nous camperons sur place !

À treize heures passées, aucune moustache d'étrave en vue. Nous prenons nos jumelles, observons les maisons grises d'Inisheer et, ah ! à l'est de l'île, n'est-ce pas un bateau ? Oui. Il vient d'Inishmore. Au fur et à mesure de son approche, nous nous rendons compte qu'il y a foule sur le pont principal et sur le pont supérieur. Intrigués, nous observons également que la marée a baissé et que deux hommes mettent à l'eau une espèce de gros Zodiac équipé d'un puissant moteur hors-bord.

À treize heures quarante, le ferry s'amarre à un coffre éloigné du quai d'une centaine de mètres. Le canot file vers le ferry, embarque une vingtaine de passagers et leurs bagages, les débarque sur le quai, repart. Cela promet. Nous nous amusons à compter les passagers visibles à bord du ferry, pour estimer le nombre d'allers-retours qui seront nécessaires. Nous y renonçons quand sortent de l'intérieur du bateau et commencent à monter à bord du Zodiac une ribambelle de garçons et de filles – une équipe de hurling et sa nuée de pom-pom girls. Nous voilà rassérénés. Le bateau de midi parti avant l'heure n'était que l'exception qui confirmait la règle du mépris des pendules. Le ferry de treize heures trente accostera à Inisheer avec près de deux heures de retard, pour cause, il est vrai, de conjonction néfaste entre un jusant de fort coefficient et un match de hurling, la veille, sur Inishmore.

Affamés et assoiffés, nous nous hâtons vers le pub en haut de la petite montée en prolongement du quai et remarquons à peine l'ironie d'un panneau B & B au bout d'une barre à mine plantée dans les cailloux de l'estran. Je savoure mon thé et tâche de lire dans les brunissures concentriques du tanin l'empreinte des pas de Synge sur ces trois îles qu'il a immortalisées dans son récit devenu légendaire, *Les Iles d'Aran*, qui commence ainsi : « Je suis à Aranmor, assis au coin d'un feu de tourbe, et j'écoute un murmure en gaélique qui monte d'un petit café situé sous ma chambre. » J'aurais dû me rappeler les trois lignes suivantes : « Le vapeur qui vient à Aran appareille en fonction de la marée et il était six heures ce matin lorsque nous avons quitté le quai de Galway enveloppé d'un épais brouillard. » Quatre-vingt-dix ans plus tard, à Doolin, on n'a toujours pas aménagé de port en eau profonde. Cette soumission aux battements de cœur de l'océan compenserait-elle, aux yeux de Synge, le changement de décor ? Nous sommes à Inisheer et Synge écrivait d'Inishmore, mais le petit café – *the little public-house* – au-dessus duquel il logeait ne devait pas

117

être très différent de celui où nous sommes. Je veux dire : à l'origine, bien entendu. Aujourd'hui, au lieu d'un murmure en gaélique, Synge aurait à décrire le gazouillement d'un écran géant de télévision qui diffuse en continu des publicités d'une chaîne satellite. Nous sortons.

L'île a le relief d'un oreiller creusé à l'endroit où la tête du dormeur est restée posée. D'ailleurs, c'est dans ce creux que sommeillent les morts, alignés sur la pente d'un glacis herbu du sommet duquel les vivants aperçoivent la muraille soulignée d'écume des falaises de Moher, tandis que les défunts leur tournent le dos, pour tromper l'angoisse qu'elles inspirent et contempler leur contraire, ces minuscules parcelles de terre closes de murs de pierres sèches où quelques vaches ruminent le foin qu'on leur a donné, cependant que des gosses à vélo, en habit du dimanche, font la course dans les ruelles, et comme ne dépassent que leurs têtes, on imagine que le long d'un fossé qui borde les murets, le maître facétieux d'un guignol fait défiler d'un trait ses marionnettes à l'endroit où on ne les attend pas. Je songe au mot breton *leizh*. Le *leizh*, petit champ cerné de talus, auquel on accède par un *toul kar* – littéralement un trou de voiture, c'est-à-dire de charrette –, évoque les boutons d'or, la vache pie noir et le babil d'un ruisseau sous une cressonnière, savoureux chromo, tellement riche de paix bucolique qu'on en vient à détester l'ennui, en Bretagne, des immensités remembrées, et à désirer s'incruster ici, indifférents soudain à l'horaire du bateau. Qu'importe, ou tant mieux, si on le rate, cela nous obligera à chercher un lit sur Inisheer.

Il se met à pleuvoir. Nous courons nous réfugier au pub. Deux filles somnolent, affalées sur une banquette, devant des pintes de bière. Somnolent, ou écoutent, les yeux clos, la musique que jouent deux jeunes étrangères. L'une joue du violon, l'autre l'accompagne au bodhran. Toutes deux ont le regard fixe et le visage grave. La violoniste choisit les airs et c'est avec un temps de retard que son amie tourne la tête vers elle, et décide de l'accompagnement. Indifférente, une cinquième fille en blouson de cuir, les oreilles et une narine percées de piercings, écrit un tas de cartes postales tout en fumant de longues et fines cigarettes blondes. Qu'elle consacre un après-midi à donner de ses nouvelles par cartes postales m'étonne bêtement. Je me dis, allons, mon cher, pourquoi son anneau dans le nez, son blouson de cuir craquelé, ses cheveux gras et ses cernes sous les yeux l'empêcheraient-ils d'avoir un cœur de midinette et d'écrire à ses parents et amis ces mots conventionnels, mais qui font tellement plaisir à ceux qui les reçoivent ? Il fait beau, ou il fait mauvais, les pubs sont chouettes et les Irlandais formidables, je vous embrasse tous bien fort, Nathalie, ou Ragnhild, ou Marie-Pierre, ou Betty, ou Sonia.

Au moment où retentit la sirène du bateau du retour, me revient en mémoire une conversation avec un lecteur, à l'occasion d'une signature.

« Je vais à Inishmore tous les ans, me dit-il, en novembre ou décembre. Je loge dans une pension, à Kilronan. Il n'y a plus personne, sauf quelques types comme moi. À cette époque, le caractère des îles d'Aran vous noue les tripes et le soir, au pub, l'ambiance est très tendue.

– Tendue ? Pourquoi donc ? Les gens d'Inishmore vous rejettent ?

– Ah ! Ah ! Ah ! Pas du tout ! Ça vient de nous, les rêveurs dans mon genre. C'est assez drôle, je dois dire. Chacun s'isole dans son coin, jaloux de ses pensées, couvant ses émotions, voulant l'île pour lui tout seul et détestant les intrus. Votre plus grande crainte, c'est que l'autre vous adresse la parole. Vous êtes prêt à le mordre. Il y a une tension terrible dans l'air, presque des idées de meurtre. »

Une année, la Providence, que je dois sans doute compter parmi mes lectrices, organisa pour nous deux séjours rapprochés, dans des conditions climatiques imprévisibles. Sinon, sans cette influence divine, pourquoi aurions-nous décidé de passer une semaine à Cushlough mi-juin et de revenir une quinzaine plus tard, pour deux semaines ? Juin au lieu de mai : une histoire de bac de français que passait notre fille cadette, je crois. À moins que les dieux n'eussent affligé deux ou trois collègues de mon épouse de maux saisonniers, ou ne les aient fait tomber dans l'escalier, provoquant ainsi le report obligé de ses congés. Quant au maillot de bain, si ma femme eut soin de prendre le sien, ce fut je suppose à la suite d'un signal qu'elle reçut de ses aïeux irlandais, qui lui promirent tout plein de bonnes surprises.

Dès notre arrivée, un samedi, nous pêchâmes sur le Lough Mask et en revînmes gelés. Le dimanche matin, nous nous rendîmes illico chez Cummins dans l'intention d'acheter caleçons longs et tricots de peau à manches. Évidemment, mi-juin, ces articles-là n'étaient plus ou pas encore en rayon. Mais étaient-ils vraiment indispensables ? N'étions-nous pas victimes d'une forme d'autosuggestion ? À la sortie de la messe, les dames enlevaient paletots et cardigans et s'en allaient bras nus. À quatorze heures, au bord du canal de Cong, nous ôtâmes vestes huilées et pulls de laine. À seize heures, nous rissolions. Le lendemain, Annie pour la première fois de l'année insolait sa blancheur hiémale, cependant que je pêchais en bras de chemise. Ce fut une semaine de prises miraculeuses. Pendant les deux ou trois semaines précédant notre arrivée, des pluies abondantes avaient gonflé le lac et fait monter le niveau du canal. Le réchauffement de la température survenait à point nommé. De l'aube au crépuscule il y aurait d'innombrables éclosions d'insectes variés que les truites n'auraient de cesse que de gober. Après notre départ, il pleuvrait de nouveau et au moment de notre retour début juillet s'établirait un temps subtropical, vent du sud et soyeuses averses tièdes. Dressées sur leurs nageoires caudales, les truites sortiraient la tête de l'eau pour se doucher, drôle de ballet nautique, auquel n'assisteraient le plus souvent, en matinée, que deux spectateurs, Annie et moi – les pêcheurs locaux jugeant que par un tel temps à touristes, le théâtre des eaux affiche relâche dans la journée et n'ouvre ses portes qu'en soirée.

Fin du bulletin météo, ouvrons la boîte à mouches. Bien pauvre en mouches sèches. Je file chez Dermot O'Connor et porte mon choix – prescience ou de nouveau le doigt de la Providence ? – sur des sedges noirs. Je les achète tous. L'information aura son importance par la suite, je ne vous en dis pas plus.

Le suspense a assez duré : action !

Le nez couvert de crème, les lèvres ointes de baume, le chapeau sur le front et les yeux protégés par des lunettes noires *miroitées* (vocabulaire de l'opticien qui me les a vendues), je prends position à la bouche du canal. Derrière moi, Annie joue les figures de proue, allongée dans l'arrondi d'une roche poncée, et prie le soleil de hâler tout ce que ne cache pas son deux-pièces plus coutumier des plages de la Turquie égéenne que des bords de lacs irlandais.

À la pointe, face au Lough Mask, le courant frémit, ondule légèrement, prend son élan et soudain détale en rugissant entre les deux murs de calcaire, vers les grottes souterraines de Cong. Dans ce calme trompeur – la surface semble immobile, mais là-dessous ça tire, et le sait celui qui essaie de traverser, quand la hauteur d'eau le permet, ce qui n'est pas le cas en l'occurrence –, sur cette lèvre boudeuse, dix, peut-être vingt truites montent régulièrement, sous le ciel bleu, en plein soleil, par une température inouïe d'environ vingt-cinq degrés. Que prennent-elles ? Avec au front le rouge de la honte, j'ose leur proposer une Zulu, ce machin exotique au derrière emplumé d'un bout de laine écarlate. Je suis payé en retour de ma fantaisie intuitive. Les truites s'y croient vraiment, au Zoulouland. Coup sur coup, je prends trois beaux poissons. Je suis un vieux requin du coin, ma technique est au point : laisser la truite chercher son salut dans le courant, ruser, lui indiquer d'un coup de baguette ce contre-courant le long de la berge sous les aulnes, et là, tandis qu'elle se repose, lui glisser l'épuisette sous le ventre.

Soyons ambitieux pour combattre la routine. Une truite zuluphage, là-haut, dans le lac, se tient hors de portée de la soie. Au lent remous qu'elle fait après avoir gobé, je l'estime à cinq ou six livres. Je coince l'épuisette, debout, entre deux rochers sur la berge, j'entre dans l'eau, en embarque un peu dans mes cuissardes, cale mes pieds entre les pierres du fond, et d'un regard vers l'aval évalue mes chances de m'accrocher à un rocher ou à une branche si par malheur je dérape et roule dans le bouillon. Je fouette jusqu'à ce qu'enfin ma Zulu se pose sous le museau du poisson. Il est ferré, saute à la verticale et s'enfonce dans un jaillissement d'étincelles. Ma soie flotte tout autour de moi, je fais un pas, deux pas en arrière, prévoyant un scénario identique aux précédents. J'ai oublié les conseils des anciens du Cong Canal : les « petits » poissons descendent le courant, les gros le remontent. Celui-ci fonce droit devant lui, dans le lac, en direction des Partry Mountains, cinq kilomètres à l'ouest ! C'est un tracteur, une locomotive, un sous-marin nucléaire ! Sa puissance est effrayante ! Il me prend toute ma soie, je fais donner les cent mètres de réserve ! Mais ce fil à espadon, voilà peut-être dix ans qu'il garnit le fond de mon moulinet. Il a pris de la mémoire. Il s'entortille. Une boucle s'accroche au moulinet, la ligne se tend, ma canne se fend d'une profonde révérence, le fil casse et la truite emporte la Zulu dans des profondeurs de cent pieds. Tout au long de sa fuite victorieuse, la truite a donné l'alerte. Les gobages ont cessé. Je traverse l'îlot pour atteindre le second pool, au pied d'une cascade, en aval des grosses pierres d'un gué.

Le coin est plus paisible, lieu de villégiature de vieilles rentières et de jeunettes lascives qui se partagent tour à tour l'oxygène de la chute, le Jacuzzi autour des roches émergées et le petit bain de cette piscine dont le fond se relève avant de vider son eau dans le canal, en formant d'abord un lent et majestueux tourbillon, dont la spirale s'achève dans un goulet haché de brisants. En fin d'après-midi, l'ombre des saules, des frênes et des aupébines gagne le pool. Entre les branches, le soleil projette des reflets moirés sur les chapelets de bulles qu'égrènent les coulées. On respire ici comme la paix d'un étang. Aucune frénésie truitière : les belles s'amusent à caresser du dos les grains des rosaires. Ces dames font leurs emplettes, cueillent un insecte du bout des lèvres, apprécient sa saveur, chipotent son croquant, s'échangent des recettes. Leur goût diffère de celui des truites de là-haut. Elles prisent le sedge noir, fatal péché mignon. Vers le milieu de la semaine, dans ce pool de la chute, aux environs de six heures, juste avant que nous nous mettions en route pour arriver à temps pour dîner, en moins de vingt minutes trois truites échouèrent sur le pré : près de deux livres, quatre livres et un peu moins de sept livres ! Ce dernier spécimen, magnifique, large (en anglais on dit « haut », *deep*, puisque le poisson dans l'eau se tient à la verticale), méritait l'embaumement. Je le confiai à Mrs. O'Leary, qui le confia à Gerry Lundi, le taxidermiste de Sligo. Dans sa boîte en acajou, cette truite trône sur une étagère de notre véranda et j'ai pour elle, chaque soir, des regards énamourés. Cette pêche exceptionnelle eut un témoin, Patrick, un Irlandais d'une trentaine d'années, un type au physique d'armoire à glace et au nez cassé. Il vivait à Londres où il travaillait dans le bâtiment. Il était venu passer l'été dans sa famille, près de Cong, pour aider un de ses frères à retaper une maison. Je le revis en juillet et nous prîmes l'habitude de faire le coup du soir ensemble. Le premier jour il me dit : « Vous vous souvenez, il y a une quinzaine de jours, quand vous avez pris la grosse truite ? Vous êtes parti, j'ai pris votre place. Une demi-heure après je prenais sa copine. Même endroit, même taille. Incroyable, non ? Savez-vous qu'il y a un poisson énorme sous la chute ?

– Il est toujours là ?

– Vous l'avez vu ?

– En juin. J'ai passé une journée entière à essayer de le piquer. Il fait au moins huit livres.

– Je dirais neuf ou dix ! Un monstre ! »

Ce vendredi de juin, nous arrivons au canal vers midi, après un détour par Cong où nous avons acheté le saumon fumé, le pain frais, les pommes et la bière du déjeuner. Je repère tout de suite un gobage, comme une bulle parmi les bulles, au début d'une coulée. Petit poisson ? Gros poisson ? Énorme poisson ! Mon pouls monte à cent quarante lorsque le dos de la bête, lentement, très lentement, s'incurve, soulève les bulles, marsouine au ralenti, nageoire dorsale à l'air. Les mains fébriles, je renforce et rallonge mon bas de ligne. J'alerte Annie. Qu'elle se tienne prête, épuisette brandie comme une hallebarde. La truite monte examiner mon sedge noir, musarde autour, consent à un petit bisou, je ferre, sens une résistance, le poisson ouvre en grand ses ballasts et disparaît. Fichu, me dis-je, piquée elle ne mordra plus de sitôt. Nous déjeunons tout en observant le pool. Au dessert, la truite décide de nous accompagner : elle se remet à gober. Je mets au point mon plan de bataille : lunettes autour du cou ; ciseaux dans la poche de poitrine ; épuisette à demi immergée sur une gravière où il sera facile d'échouer le poisson ; vérification du backing neuf ; angle d'attaque – ce sera sur le terrain de l'adversaire, dans l'eau, à une dizaine de mètres derrière, où je me rends à pas mesurés, pour ne plus en bouger. J'essaie successivement : une Hawthorn Fly, une Zulu, une Bibio, une araignée de ma conception, une bretonne tricolore, un autre sedge noir, un sedge roux, et que sais-je encore. C'est terriblement éprouvant. À chaque changement de mouche la bête m'honore d'un zeste d'intérêt, considère l'imitation et finit par la chasser d'un coup de queue ironique. Il est bientôt cinq heures. Le soleil passe de l'autre côté du bouquet d'arbres. Par la magie des jeux de lumière, le pool se transforme en miroir scintillant à la surface duquel j'aperçois enfin ce qui plaît à ce poisson. Des midges, de minuscules moucherons. Les genoux fléchis, le regard rasant, je consacre plusieurs minutes à l'observation. Deux, trois points noirs apparaissent à la surface au pied de la chute. La truite en choisit un. Au fur et à mesure que la lumière décline, les midges deviennent de plus en plus nombreux. Au cours d'une même montée le poisson en prend plusieurs, et en marsouine de satisfaction. Que faire, sinon essayer de tailler aux ciseaux les plus petites de mes mouches noires ? Avec un Black Gnat coiffé en brosse façon GI, je surprends mon adversaire, le pique de nouveau, mais d'une virevolte il se débarrasse de l'ardillon. À sept heures quinze, vaincu, je rends les armes.

« On m'a déjà parlé de cette truite qui descendrait tous les ans du lac, dis-je à Patrick.

– À moi aussi. »

Et on m'en reparlera encore les années suivantes. Il sera question de ce général de la RAF tombé à l'eau en travaillant une truite, qui ne lâcha pas sa canne, s'en tira tout seul, et avec la truite ! Il sera question de la femme de ce général, aussi habile à manier le fouet que son mari, qui prit une truite de huit livres (LA truite ?), la photographia et lui rendit sa liberté.

« Ces gens-là pêchaient pour le sport, me dira mon

interlocuteur. Ah, on peut dire qu'il y avait du beau linge à venir pêcher par ici ! Des gens célèbres. Tous morts et enterrés, à l'heure qu'il est. »

En juillet, la rumeur court que le Français pêche des gros poissons à la mouche sèche, au beau milieu de la journée, sous le soleil et un ciel sans nuages. On m'espionne. Trois types sont venus m'observer.

« Hello ! C'est vous qui logez à Cushlough ? On peut vous regarder pêcher ? »

Ils feront du feu et m'offriront le thé.

Un matin, devant le Market House Tavern, en face de la maison de la presse où je viens d'acheter l'*Irish Times*, une voiture de la Garda et un fourgon cellulaire sont garés. Encadré par deux policiers, en descend un jeune gars menotté. Sur le seuil de son pub, Dermot O'Connor observe la scène d'un air placide.

« Hello, Dermot ! Que se passe-t-il ? Un hold-up à l'Ulster Bank ?

– Le tribunal ! »

Ce mot le réjouit.

« Le tribunal ? Où y a-t-il un tribunal ?

– Au-dessus du pub. Le premier mardi de chaque mois. »

Dans les greniers du Market House Tavern ? Ça ne peut pas être très sérieux. Niveau justice de paix, me dis-je, des histoires de mitoyenneté, d'arbres qui font de l'ombre au voisin.

« Qu'est-ce qu'on y juge ? Des petites affaires ?

– Oh non, des affaires assez sérieuses. Vols de voitures, cambriolages, escroqueries. Ils risquent jusqu'à cinq ans de prison. »

Ah ! L'équivalent de nos tribunaux correctionnels, donc.

« Allez voir ! Montez ! C'est par là ! »

À gauche du pub, un étroit couloir et au bout un escalier en pierres usées, deux fois centenaires. Point de gardien, point de greffiers, le tribunal est ouvert à tous, et même aux chiens. Un ratier noir et blanc, frétillant de la queue, m'ouvre le chemin. Je le suis jusqu'à l'étage. Le ratier fait le tour de la salle, probablement à la recherche d'un maître ou d'une maîtresse, ou d'un collègue, dont il cherche l'odeur sur un vieux plancher en chêne brut où des chaises ont été disposées face à une estrade peu élevée. Les juges – je suppose –, en bras de chemise, défont les sangles de gros dossiers. Les avocats – je suppose –, en bras de chemise itou, sont en conciliabule avec leurs clients. Un *gardai* me salue d'un signe de tête. Je m'attends à ce qu'il me demande mes papiers, ou ce que je fais ici. Rien. Des témoins, ou des membres de la famille des inculpés, ont pris place aux premiers rangs. Dans le fond de la salle, trois commères papotent, en attendant leur distraction du mardi – leur *soap opera* en direct, avec pour acteurs des gens de la région, ce qui est infiniment plus intéressant. L'une d'elles tricote et on ne peut s'empêcher de songer aux tricoteuses de la place de Grève levant le nez de leur ouvrage pour agonir les têtes coupées. Je me rappelle soudain ce que j'ai lu dans un opus, *Treasures of South Mayo*, édité par des historiens locaux. Le Market House, à l'origine propriété du colonel Knox, grand propriétaire foncier, fut construit au XVIIIᵉ siècle. Il abritait non pas un marché proprement dit, mais un lieu de troc – produits agricoles contre produits artisanaux –, ainsi que le tribunal, « un usage qui est encore le sien aujourd'hui ». Coup d'œil en l'air : je crois entendre battre la pendule qu'autrefois un garçonnet était chargé de remonter chaque jour. Du haut de ce beffroi, au-delà du plafond qui me cache sa charpente chevillée, deux siècles de l'histoire du Mayo nous contemplent. Je sais maintenant où le chien m'a mené : dans la pièce même où, pendant la Grande Famine, des juges anglais, poudrés et perruqués, prononcèrent à la chaîne des centaines d'évictions, condamnant les métayers à crever de faim sur place ou à émigrer au Canada ou aux États-Unis, entassés sur ces *coffin ships*, ces bateaux cercueils, où bon nombre moururent du typhus avant de toucher la terre promise d'Amérique. J'étais tenté de rester, ce retour dans le passé me pousse à m'en aller. Ne soyons pas voyeur. Le chien agrée. Il redescend sur mes talons.

Dans la rue, Dermot O'Connor m'attrape par le bras.

«Venez, j'ai quelque chose à vous dire.»

Quelque chose de rigolo, sûr, car il jubile. Nous nous dissimulons dans le couloir.

«On m'a dit que vous preniez un tas de truites... Les mouches que vous avez achetées au mois de juin, c'étaient bien des sedges noirs, n'est-ce pas?

– Oui, pourquoi?»

Dermot rit sous cape.

«Des pêcheurs que vous connaissez sont venus me demander quelles mouches je vous avais vendues. Je leur ai répondu des sedges noirs, mais vous n'en aurez pas car il n'y en a plus!»

Remontant la rue pour rejoindre Annie, je passe devant la vitrine de Tom Walkins – en 1995, il vendait encore des mouches, dans un présentoir entre les brochures de tours opérateurs, pour le plaisir de discuter avec les pêcheurs. Il m'aperçoit, accourt, me serre la main et me lance :

«Plus de sedges noirs, mon ami! Plus de sedges noirs!

– Pourquoi me dites-vous cela?

– Ah! Ah! Ah! Comme ça... Je ne sais pas ce qui se passe, tout le monde vient me réclamer des sedges noirs!»

Le Sedge Noir, cela sonne comme un coup de gantelet sur une Table Ronde! Le Sedge Noir, un joli titre, pour un roman... gothique. Il faudrait que j'y incruste ce personnage, tout droit sorti du fog et de la suie d'un roman de Dickens, un géant voûté, balafré de l'œil droit au coin de la bouche, vêtu sous la pluie d'un seul tricot de corps crasseux. Une nuit, à Cork, il nous avait suivis puis contournés en empruntant une ruelle du coin de laquelle il avait débouché soudain pour nous couper la route. «T'as pas une livre, mec?

C'est pour manger une soupe. » Je reculai d'un pas, prêt à esquiver un coup de couteau. Sans le quitter de l'œil, je fouillai dans mon porte-monnaie et lui tendis une pièce d'une livre. Il tapota de l'index et du majeur joints son front dégoulinant de pluie et me remercia. « *Thank you, sir !* » Puis il traversa la rue et rejoignit un comparse sur le trottoir opposé. Il lui montra la pièce dans le creux de sa main et fila tout droit vers le serpent de néon rouge d'un pub situé au-dessus d'un restaurant chinois.

En juillet, je retrouve donc avec plaisir Patrick, l'Irlandais venu aider son frère à retaper une maison. Nous ferons presque tous les coups du soir ensemble. Dans la journée, Annie et moi pêchons sur le Lough Carra, en dapping, par longues dérives sous un vent du sud qui rend fou le poisson. Nous avons acheté des pantalons en plastique qui bouffent aux hanches et sur les cuisses comme des barboteuses, pour ne pas être gênés par les averses tièdes – ces merveilleux roulements de tambours sur nos chapeaux et la peau vert absinthe du lac, ils sonnent le branle-bas et les truites montent à l'assaut de nos Green Peters, Daddy-long-legs, Murroughs et Grasshopers. Nous remettrons à l'eau jusqu'à quinze truites par jour, ces truites blanches du Carra, argentées comme des truites de mer. Plusieurs fois, sur les Twin Islands, nous partagerons le feu de trois Irlandais du Nord. Ils pêchent le long des berges, avec succès, à la sauterelle vivante. Notre emploi du temps ne variera pas : Carra dans la journée, canal dans la soirée.

Un soir, en plus de la voiture de Pat, sont garées deux voitures immatriculées dans le sud-ouest de la France. Deux couples, avec progéniture adolescente. Tous les mâles, quatre au total, sont en train d'enfiler cuissardes et gilets de pêche flambant neufs. Notre voiture de location et ma tenue un peu craspec de baroudeur des lacs me permettent de passer près d'eux incognito. J'entends qu'ils sont venus dans la journée et qu'ils n'ont qu'une hâte, occuper la pointe, dont ils ont vite compris les avantages. Je les précède. Pat est assis en face, côté d'où souffle le vent. Il me fait signe de le rejoindre, je traverse, les yeux rivés sur cette ligne d'énormes pierres plates plus claires dont on raconte qu'elles auraient été posées au début du siècle – mais comment ? Nous allumons une cigarette, évoquons les truites de la veille. Les Français débouchent à la pointe.

« Ah merde ! gueule l'un des pères, y a déjà du populo !

– Les cons, ils ont traversé ! dit l'autre. Chavais pas que c'était possible. Par où ils sont passés ?

– Putain, pouvaient pas aller ailleurs ?

– T'inquiète, je vais les faire dégager, on va leur casser leur coup. »

Le râleur entre dans l'eau et prend possession du milieu du pool.

Pat tire sur sa cigarette et souffle la fumée par ses narines.

« Des Français, non ?

– Hon-hon.

– Des copains à vous ?

– Certainement pas. Vous avez vu comment ils se comportent ?

– Il y a des crétins partout. Qu'est-ce qu'ils disaient ?

– Des choses pas très gentilles.

– De quel genre ? »

Je traduis. Pat se marre, se dénoue voluptueusement les muscles de la nuque et des épaules.

« S'ils me cherchent ils vont me trouver... »

Il jette son mégot, entre dans l'eau et va s'installer, presque épaule contre épaule, et sans le regarder, près du Français.

« Qu'est-ce qu'il branle, çui-là ? gueule le deuxième de la berge opposée.

– Veut m'emmerder ! On va bien voir lequel emmerdera l'autre. »

Silence seulement troublé par le grondement du

courant en aval. Le soleil va bientôt disparaître derrière les montagnes de Partry. Il faudrait, pour peindre
ce paysage unique au monde, une toile de cinq mètres
de long. À gauche, au premier plan, ces roches grises
grêlées de ces trous que font dans le calcaire les cham-
pignons acides ; des herbes folles ; plus loin, les hau-
teurs de la presqu'île de Finny et sur leurs pentes les
ocelles portés par les flancs-gardes des nuages élevés ;
le lac, à hauteur de votre poitrine ; l'arc de cercle bleu
de Prusse qui souligne les sommets, du Maumstrana
au devers de Killavally ; et les terres pelées du haut, et
les pâtures des berges, une roselière peut-être, et
l'ourlet d'une tourbière, et les minuscules taches
blanches de maisonnettes ; à leurs pignons, quelques
fumées, modestes en regard de la magnificence des
nuées ; enfin, la berge orientale du Mask, contractée
par la perspective, puis les volutes végétales de l'île
d'Inishmaine ; une barque bleu craquelé, à votre
droite, et par-desssus tout cela, pointillant la ligne
d'horizon, un vol de canards, traînant après eux ces
couleurs changeantes, comme s'ils déroulaient sur le
panorama un film tantôt translucide, tantôt marbré,
au petit bonheur la chance, de terre de Sienne, de rose
tyrien, d'orange brun nés de verts et de bleus cloqués,
selon la marche des nuages sur le ciel qu'éclaire maintenant l'applique solaire dissimulée derrière l'édredon
des montagnes.

Pendant ce temps, nos deux hommes s'affrontent,
s'envoient des coups d'estocs d'ondes cérébrales, des
flanconades de la pointe de la canne : une truite gobe,
le Français pose sa mouche, Patrick pose la sienne sur
la mouche du Français, allume une Silk Cut et souffle
la fumée de son côté, bouche tordue vers la droite. Le
malappris rompt le premier. Son ami l'a quitté (« Je
vais voir en bas, il n'y a rien à gratter ici, avec ces
mecs-là ! »), cet air saturé d'animosité lui est irrespi-
rable, il a évalué la carrure de son voisin, il rejoint sa
berge. Patrick rejoint la sienne.

« C'est bon, à présent nous sommes tranquilles. »

Au retour du canal, Annie et moi nous arrêtons boire une demi-pinte de Harp dans un pub dont nous connaissons la porte dérobée, accessible aux seuls initiés, après l'heure légale de fermeture. Nous nous couchons tard, nous levons tard. Devons-nous fermer la porte à clé en rentrant ? Mrs. O'Leary, au petit déjeuner, nous dit que non. Peut-être un jour faudra-t-il tout boucler, si la société continue de perdre la boule, mais pour l'instant il n'y a rien à craindre, il n'y a pas de voleurs dans les parages.

« Vous ai-je raconté les ennuis que nous avons eus au début de la mouche de mai ? Non ? Cette histoire va vous plaire, Hervé. J'avais trois personnes, deux hommes mariés, des Dublinois, et un vieux prêtre. Les hommes mariés étaient plus ici pour faire la fête que pour pêcher. Tous les soirs ils sortaient, mais n'allaient pas seulement boire un verre ou deux dans un pub. Ce qui les intéressait, c'était courir les filles dans un night-club de Galway. Ils rentraient au milieu de la nuit et, comme tous les hommes ivres, s'imaginaient qu'ils ne faisaient pas de bruit alors qu'ils réveillaient toute la maison. Le vieux prêtre leur en a fait la remarque, mais ils ne l'ont pas écouté. Il a fini par en avoir assez. Un soir, après que tout le monde se fut couché, il est redescendu, a fermé la porte à clé et s'est installé dans le fauteuil près de la fenêtre, pour lire en attendant les deux coureurs de filles. Vers trois heures du matin, les voilà qui tentent d'ouvrir la porte. Ils aperçoivent le vieux prêtre, qui fait semblant de dormir, n'osent pas frapper au carreau. Ils décident d'entrer par la fenêtre, en montant le long de la gouttière. Le prêtre laisse s'écouler une minute ou deux et tout à coup allume toutes les lumières extérieures, sort et appelle les deux hommes en train d'escalader le mur. "Vous ne croyez pas que ce serait plus facile d'entrer par la porte ?" leur dit-il. De saisissement, l'un des deux est tombé. Ensuite, j'ignore ce qui s'est dit, mais en tout cas nos deux hommes mariés ont fait leurs bagages en vitesse, ont déposé l'argent de la pension près du téléphone et ont pris la fuite au milieu de la nuit. Ils ont probablement dormi dans leur voiture. Je crains que nous ne les revoyions plus ici. »

Mrs. O'Leary soupire.

« Autrefois des hommes mariés n'auraient pas osé aller courir les filles au vu et au su de tout le monde. Plus le temps passe, plus... »

Elle s'interrompt, surprise des pensées qu'elle hésite à exprimer.

« Oh, il y a des couples heureux ! Annie et vous, par exemple, cela se voit. John et moi n'avons pas à nous plaindre l'un de l'autre, non plus, enfin je crois. Mais pour un couple heureux, combien de couples malheureux ? Se marier, c'est comme jouer à la loterie ! Une chance sur un million de gagner ! Plus le temps passe, plus je me dis que se marier pour la vie est une stupidité. Regardez ma fille, elle va se marier bientôt. Est-ce que ça marchera ? On l'espère, mais qui peut savoir ?

— Elle divorcera si ça ne marche pas.

— Divorcer est quelque chose de terrible, Hervé ! Les gens se déchirent, se haïssent, et les enfants sont les premières victimes de cette guerre ! Non, je pense qu'on devrait fixer une échéance. Se marier pour dix ans, et au bout de dix ans faire le point. Se séparer sans formalités si ça ne marche plus, ou bien renouveler le bail, pour cinq ans de plus, et ainsi de suite.

— C'est une pensée très moderne, Josephine ! Et contraire au sacrement du mariage, je dois dire.

— L'Église ne peut plus rien contre l'évolution des mœurs. »

Mrs. O'Leary essaye de lire l'avenir dans les feuilles de thé. Au fond de la théière en métal chromé, rien que du pessimisme, et des plus noir.

« Est-ce que les gens se suicident aussi, en Bretagne ?

— La Bretagne est la région de France où l'on se suicide le plus.

— Pourquoi ? N'est-ce pas une belle région ?

– Difficile de dire pourquoi.

– En Irlande, aussi, les suicides augmentent alors que le pays s'enrichit.

– Les pauvres n'ont pas le temps de penser au suicide. Ils se battent pour survivre, et puis ils espèrent toujours un avenir meilleur.

– Je suis d'accord avec vous, Hervé, ce n'est pas parce qu'on manque d'argent qu'on se tue. Le mois dernier John est allé à un enterrement, dans le comté Roscommon. Une infirmière de trente ans, l'aînée de trois sœurs, et la plus jolie des trois. Elle avait pris des cachets, elle savait lesquels prendre, vous pensez bien, une infirmière. Pourquoi ? Une histoire d'amour ? C'est ce que la famille a supposé. Mais hier, Hervé... »

Hier... voilà pourquoi ce matin Mrs. O'Leary a les pensées en deuil.

« Hier, John et moi avons fait un saut de l'autre côté de la frontière. Sans nous attarder, parce que avec notre plaque d'immatriculation de la République nous n'étions pas rassurés, à cause des troubles à Derry, les orangistes qui provoquent les catholiques comme tous les ans au mois de juillet... Juste un saut, enterrer le fils d'un cousin. Treize ans, Hervé, *treize ans* ! Il s'est tiré un coup de fusil, dans le bureau de son père. Tout le monde a des armes, dans le Nord. Son père se sent terriblement responsable. Mais si le petit voulait se tuer, de toute façon il aurait trouvé un autre moyen, c'est ce que tout le monde lui a dit. La mère était agrippée au cercueil, il a fallu trois hommes pour l'en arracher. Elle ne pouvait pas comprendre, personne ne peut comprendre qu'on puisse se tuer à treize ans. Un enfant choyé, qui avait tout ce qu'il pouvait désirer. Au fond, comme vous le disiez, c'est peut-être cela la raison pour laquelle il y a de plus en plus de gens à se suicider : ils ont tout, ils n'ont plus rien à désirer, ils croient n'avoir plus rien à attendre de la vie.

– Ils devraient pêcher. Pêcher c'est être optimiste.

– Vous voulez dire que la pêche est une sorte de philosophie ? Je le pense aussi. »

En paraphrasant Cioran (« C'est l'idée de suicide qui me maintient en vie »), le pêcheur pourrait affirmer : c'est l'idée du poisson à prendre qui m'éloigne de l'idée de suicide.

Et s'il ne mord pas, faudrait-il se jeter à l'eau, les poches du gilet lestées de plomb ? Au contraire ! La bredouille est le tremplin qui permet de bondir dans l'optimisme du lendemain.

Plus prosaïquement : l'espoir fait vivre.

À Galway, la vitrine d'une librairie de High Street attire mon regard : elle est consacrée à un seul livre, *Angela's Ashes*, de Frank McCourt. Une affiche informe le chaland que l'auteur, prix Pulitzer 1997, signe son ouvrage. Je n'hésite pas une seconde. L'occasion d'obtenir une dédicace d'un prix Pulitzer ne se représentera pas de sitôt. Affirmer que je me fiche du contenu du livre serait mentir. En poussant la porte de ce qui est plus un supermarché du livre qu'un temple de la littérature comme l'est Kenny's Bookshop, un peu plus bas dans la même rue, je me dis que puisque l'auteur vient signer en Irlande c'est que son bouquin concerne un tant soit peu l'Irlande.

Frank McCourt, la soixantaine, cheveux gris, yeux clairs, attend le lecteur, assis devant une table et une pile de livres. Il semble un peu las et mal à l'aise. Une espèce de garde-fou, composé de montants en métal chromé posés sur le sol et reliés entre eux par une corde, part de la porte, effectue sans logique un angle droit et vous mène à l'auteur, de qui la corde vous maintient éloigné d'un bon pas. Un policier joue les gardes-frontière. L'usage veut-il que la police honore un prix Pulitzer d'un garde du corps ? J'adresse un signe de tête au *gardai* et franchis la ligne de démarcation. Halte ! Pour un peu, je lèverais les mains en l'air. Le flic me toise, et se détend. Moi aussi. J'allonge le bras, prends un livre et salue Frank McCourt. Il se contente de signer le livre, ce qui ne fait pas du tout mon affaire. Je lui explique qu'en France on met le nom du dédicataire, deux ou trois mots aimables, éventuellement suivis de la date et du lieu de la dédicace. Sans prononcer une parole, il ajoute mon nom au-dessus de sa signature et me rend le livre. Le policier m'intime de circuler. Expérience déplaisante. Légèrement vexé de n'avoir pas pu dialoguer, j'en viens à regretter cet achat. Mes regrets s'évanouiront quand je commencerai à lire *Angela's Ashes*. Avant de partir, j'en offrirai un exemplaire à Mrs. O'Leary et ce n'est que l'année suivante, en 1998, que je lui demande ses impressions de lecture et lui parle de l'étrangeté de cette rencontre avec McCourt.

Nous prenons le whiskey de bienvenue au salon. Mrs. O'Leary me dit :

« Il a fait un temps magnifique en avril et en mai il a neigé. Toutes les mouches de mai mouraient de froid à peine envolées. Juin a été abominable et je crois que vous avez de la chance, Hervé : il se pourrait que juillet soit cette année le mois de la mouche de mai, à condition qu'il en reste, et qu'il fasse plus chaud qu'aujourd'hui. »

Vœu non exaucé. Une semaine plus tard, au bord du canal, un pêcheur me fera remarquer :

« Si on se fie au calendrier, nous sommes le 1er juillet. Je suis persuadé qu'il se trompe. Nous sommes le 1er novembre. »

« Cet hiver, avez-vous eu le temps de lire *Les Cendres d'Angela*, Josephine ? En France il a beaucoup de succès et les Américains vont en faire un film.

– Je l'ai lu. En Irlande, les avis sont partagés sur ce livre. Beaucoup de gens pensent que McCourt a beaucoup exagéré la vie à Limerick à l'époque de son enfance. Moi je pense qu'il dit la vérité et que cette vérité ne peut pas plaire à tout le monde. Il y a cinquante ans, la vie était très dure dans les villes. Moins à la campagne. Mes parents étaient pauvres mais nous n'avons jamais eu faim, et nous avons toujours été correctement vêtus. À la campagne, vous comprenez, la terre vous permet de vous nourrir. Une vache, un cochon, des poules, des légumes. On ne peut pas mourir de faim. Ni de froid, avec toute cette tourbe partout. En plus, on s'entraide. Dans les villes, c'était très différent. Et l'Église, je ne dirais pas les prêtres parce que beaucoup de prêtres s'occupaient des pauvres, l'Église était du côté des riches. Ça ne fait pas plaisir à certains que McCourt l'écrive noir sur blanc.

– En Bretagne, quand mes parents étaient jeunes, c'était exactement la même chose, vous savez. La seule différence, c'était que cela se passait dans les années vingt, tandis que le livre de McCourt se passe dans les années quarante et cinquante.

– L'Irlande avait du retard à bien des points de vue, mais elle change vite, très vite, trop vite en ce qui concerne certaines choses. L'alcool et la drogue, par exemple. »

Je raconte à Mrs. O'Leary l'anecdote de la signature du livre, ce policier qui semblait avoir peur que je sorte un couteau ou un revolver de ma poche.

« C'est ce qu'il craignait certainement, Hervé. Vous ne l'avez pas appris ? McCourt a eu beaucoup d'ennuis, en Irlande. À Galway, la police se méfiait. À Limerick, des excités l'auraient tué, sans la présence de la police. On lui a jeté des pierres. Il a fallu qu'il prenne la fuite sous la protection de la Garda. D'ailleurs, il a déclaré qu'il ne remettrait plus jamais les pieds en Irlande. »

Comment ne pas se rappeler cette phrase d'Oscar Wilde, Irlandais banni et condamné par les bien-pensants, dans *Le Portrait de Dorian Gray* ? « Les livres que le monde appelle immoraux sont ceux qui lui montrent sa propre ignominie. »

Comment ne pas se remémorer, sur un plan plus personnel, cette remarque d'un lecteur à propos de certaines pages de certains de mes livres où les Bretons ne sont pas présentés à leur avantage ? « Vous avez tort d'écrire des choses comme ça, on ne peut pas se fâcher avec sa province. »

Si, il faut au besoin se fâcher avec sa province. Ou bien alors, cesser d'écrire, s'il faut qu'un livre soit un miroir déformant qui renvoie au lecteur l'image costumée de bons sentiments d'une réalité travestie. Il n'y a pas, dans ma bibliothèque, de cette littérature provinciale consensuelle, de ces missels de canton, émollients et gentillets, dégoulinants de lâcheté.

Oublions cela. Par ce froid de canard, vendredi 3 juillet (ou novembre ?) 1998, volupté de regarder, au milieu de l'après-midi, le match de football France-Italie, au coin du feu, materné par Mrs. O'Leary qui vient régulièrement soupeser la théière et, quand elle est vide, la remplacer par une pleine. Le surlendemain, Joe Malloy, notre ami du Carra, nous apprendra que la Croatie a battu l'Allemagne 3 à 0 et que les Pays-Bas ont gagné contre l'Argentine 2 à 0. Il voit la Croatie en finale, contre la France. Jusqu'à présent, il a gagné tous ses paris chez le bookmaker. Mais je crois comprendre (j'ignore les arcanes de ces paris) qu'il a tout laissé en jeu et que s'il se trompe sur le vainqueur de la Coupe du monde il perdra tout. Il hésite donc beaucoup entre la Croatie et la France. Il juge que le Brésil n'est plus l'équipe qu'elle a été et que Ronaldo est un paresseux. Aussi a-t-il éliminé les Brésiliens de ses favoris.

Profitons de ces intempéries pour nous rendre près de Sligo chercher chez Gerry Lundi la truite de près de sept livres que j'ai prise l'an dernier. Annie et Charlotte connaissent le chemin : trois ou quatre ans auparavant elles sont venues prendre livraison de deux brochets naturalisés. De l'atelier du taxidermiste elles nous ont fait une description digne de Bram Stocker : un hangar aux fenêtres aveuglées de rideaux noirs, à l'intérieur un éclairage verdâtre et une odeur fade de cadavre, un décor duquel elles ont tiré la conclusion que ledit Gerry Lundi doit aussi exercer la profession de croque-mort, ce qui irait de pair avec la taxidermie, admettons-le. Cette fois, elles nous ont suppliés de les accompagner pour les sauver des vampires. Bien qu'elles soient sous notre protection, elles ont noué autour de leur cou un solide foulard.

Au lieu du Dracula livide redouté, je vois sortir sur le

seuil de la maison voisine du hangar endeuillé, un jeune couple plein de gaieté et en parfaite santé. Mr. et Mrs. Lundi ont le visage rutilant de coups de soleil pris la semaine précédente en Bretagne, à Quiberon, où ils ont campé avec leurs enfants. Le temps a été magnifique, ils ont mangé des crêpes, de l'andouille et du saucisson à l'ail, mais peu de viande de bœuf, parce que, me dit la dame, elle ne pouvait préciser au boucher le morceau qu'elle voulait, or elle a l'habitude de prendre tel ou tel morceau, ou rien d'autre. Ils sont intarissables sur la Bretagne et se demandent bien pourquoi, nous Bretons, éprouvons le besoin de venir en Irlande où les routes sont si mauvaises et la vie si chère, surtout le vin. À propos de la qualité de notre bitume, Gerry Lundi se montre admiratif, mais ne se contente pas de le dire, il en apporte la preuve, en y associant le vin.

« Avant de partir, nous avons acheté soixante bouteilles de vin. Dans le coffre, en France, elles ne tintaient pas. Mais dès que nous sommes descendus du ferry à Fishguard et que nous avons pris la route de Wexford, elles se sont mises à s'entrechoquer. Nous étions de nouveau sur une route irlandaise. »

À l'intérieur du hangar, un tas d'animaux naturalisés. La truite est parfaite, je n'en doutais pas. Gerry Lundi est un véritable artiste. Le meilleur taxidermiste d'Irlande et de Grande-Bretagne, d'après Mrs. O'Leary.

Tandis que nous procédons à la levée du corps et marchons en direction de ma voiture, Gerry Lundi, de fil en aiguille de thanatopracteur, évoque les cendres de Yeats, rapatriées de Roquebrune-Cap-Martin pour être inhumées dans le cimetière au pied du Ben Bulben.

« Savez-vous que le corbillard est passé là, en bas, sur la route ? Mon père et mon oncle ont accompagné le cortège sur plusieurs kilomètres. Moi, je n'étais pas né, mais ils m'en ont tellement parlé que j'ai l'impression de l'avoir vu. »

Nous nous quittons sur la promesse de revenir. Lorsque nous aurons pris une truite de douze livres, pas moins, et à la mouche sèche. Ce n'est pas pour demain.

Nous déjeunons à Sligo. Dans le pub chic où nous avons nos habitudes, des messieurs cravatés accompagnés de leurs épouses sur leur trente et un arrosent un événement. On félicite et on embrasse celui qui régale. Je lui trouve le regard ténébreux et les mèches folles d'un Malraux méditant l'introduction d'un discours historique.

« Que célèbre-t-on à la table voisine ? demandé-je à la serveuse.

– L'élection du nouveau maire.

– C'est lui, avec la chaîne autour du cou ?

– Oui. Il a été élu ce matin. La chaîne, vous savez, ce sont les insignes de la ville. »

Cet été, à Sligo, la mode est aux jupes fendues et la serveuse est à la mode. Elle a de très jolies jambes. Cependant, afin qu'en présence de ces officiels la fente ne dévoile pas la cuisse trop au-dessus du genou, elle l'a fermée avec une épingle. Non pas l'une de ces épingles ouvragées qui servent d'ornement aux kilts, mais une simple épingle de sûreté, une épingle de morale, accrochée à la hâte sans doute sur l'ordre du patron.

Nous roulons à travers la campagne boisée de l'est du Mayo, la radio de la voiture diffuse le concerto pour violon et orchestre de Tchaïkovski. Il ne servirait à rien de se demander pourquoi cette musique évoque en moi la représentation onirique, embrumée et floue, d'une campagne qui moutonne à l'infini dans l'arrière-plan d'une majestueuse allée de hêtres qui mène à la façade d'une demeure patricienne dessinée à la plume et rehaussée d'aquarelle.

Soudain, j'ai une révélation. Pas d'affolement : je n'entends pas de voix, ni n'aperçois la Vierge au volant de la Morris noire que je croise.

J'ai la révélation des arbres, de ces grands arbres, de ces frênes géants. Oui, voilà ce qui fait la différence entre la Bretagne et l'Irlande. J'entends qu'on m'interpelle : Ho ! êtes-vous devenu fou ? Oublieriez-vous vos immenses forêts domaniales ? Attendez, inutile d'appeler à la rescousse les infirmiers *pschittchiatriques*, comme dit une vieille paysanne que je connais bien, je ne parle pas de ces arbres-là. Je veux parler des arbres solitaires, hôtes des pâtures et des prairies fauchables, ces chênes, hêtres ou châtaigniers, sous la houppelande desquels les bêtes s'abritaient des pluies, cherchaient l'ombre en été, s'abreuvaient au demi-tonneau installé entre les racines affleurantes, et ruminaient, bercées par le bruissement des feuilles, en se récitant des poèmes. Autrefois respectés comme des patriarches, ces arbres, que plusieurs générations avaient connus personnellement et appelés par leur petit nom à rallonge – le Chêne du Champ en pente, le Hêtre de la Grande Prairie –, par chez nous un mauvais jour se sont mis à faire de l'ombre au dieu Maïs. Calculette en main on a estimé le manque à gagner. Quand règne l'hystérie productiviste, chaque grain compte. Les grands arbres ont été condamnés. Heureux ceux qui ont été transformés en meubles, ou ont accueilli l'homme entre quatre de leurs planches – une façon d'avoir de la compagnie –, voire ont fini leur vie séculaire en bois de cheminée – manière de sacrifice ultime. Beaucoup ont pourri dans un creux, au coin d'une lande inculte, poussés au bulldozer pardessus la ferraille rouillée d'engins agricoles désuets et de bagnoles cassées. Le rapport

$$\frac{\text{énergie} + \text{temps} + \text{transport}}{\text{prix de vente}}$$

leur a été défavorable.

En face de chez Mrs. O'Leary, sur le terre-plein où les pêcheurs garent leur voiture, près du banc, un préservatif.

Il n'y a pas si longtemps que cela, la vente des condoms était interdite en république d'Irlande.

De tous les pays industrialisés, c'est l'Irlande qui compte encore aujourd'hui, proportionnellement, le plus de naissances dans la population des jeunes filles âgées de quinze à dix-neuf ans.

On trouve à présent dans les toilettes de la plupart des pubs des distributeurs de capotes. Sur celui-ci, que j'ai sous les yeux tandis que je me lave les mains, une bonne âme, que d'aucuns peuvent considérer comme damnée, a écrit au feutre et en capitales ce conseil anticonceptionnel, osé, lapidaire et imagé : *Attention aux projections* !

On a beaucoup écrit sur le pub irlandais pour louer ses qualités, parmi lesquelles, au premier rang, la fameuse convivialité. Hormis dans les grandes villes où commence à apparaître une classe moyenne désireuse de se distinguer par son mode de vie (distinction essentiellement consumériste : vêtements, marques de voitures, mobilier, lieux de vacances et donc aussi pubs qu'on entend se réserver), riches et pauvres, jeunes et vieux, ruraux et bourgeois, lettrés et illettrés s'adressent la parole, boivent de la bière et écoutent de la musique ensemble. Ceci est aujourd'hui un truisme. Ce qui l'est moins, et que beaucoup ignorent, c'est que cette image du pub est relativement récente. Elle date des années de la *beat generation* et du *flower power*, quand des routards, pour la plupart étrangers, ont pris l'habitude de venir chanter et jouer dans les pubs, attirant une nouvelle clientèle de jeunes et rendant le pub beaucoup plus permissif en regard de la rigueur morale à laquelle étaient tenues les jeunes filles.

Dans *Le Guide du touriste en Irlande*, texte satirique publié en 1929, Liam O'Flaherty, contempteur de l'hypocrisie qui fut souvent en délicatesse avec son pays et ses contemporains, donne du public-house une vision bien moins fraternelle, bien moins idyllique.

« … alors quand il [le touriste] se verra servir un repas de pain, de thé et de bacon américain trop salé, dans une pièce sombre et crasseuse dont les murs disparaissent derrière des photographies de papes, de prêtres et de patriotes, il se ruera à l'extérieur en maudissant le seul nom de l'Irlande. […] Il faut avaler debout, comme un cheval de fiacre devant son abreuvoir, des boissons noirâtres qui font aussitôt penser à la mort, notre commune destinée. »

Liam O'Flaherty atténue son propos en parlant plus loin « des bonnes auberges » : «... c'est là au milieu de la salle que les grands combats de boxe, les grandes courses de chevaux, les grandes batailles, les grands actes d'héroïsme sont racontés et commentés, qu'on les revit et qu'on les recrée, au milieu des cris, des bravos et des éclats de rire, tandis que la bière ambrée, le vin rutilant et le whiskey subtil coulent du verre ou du pichet d'étain dans les gosiers béants. »

Tous les pubs que je connais sont d'excellentes auberges à côté desquels beaucoup de bistrots français, ceux-là simples abreuvoirs, font figure de minables estaminets, avec leur décor clinquant, leurs spots aveuglants, leur mobilier brillant et leurs sols carrelés imprégnés d'une odeur de détergent javellisé.

Le pub, le vrai, est le fruit délicat d'une longue maturation. Probablement, à l'origine, était-il dans l'état que décrit Liam O'Flaherty, et, soit dit en passant, n'avait rien à envier à nos trocsons installés aux croisements des chemins vicinaux, ces cafés au sol en terre battue où l'on répandait de la sciure quand elle n'en pouvait plus d'éponger les crachats et les liquides répandus, ce qui ne les empêchait pas d'être très hospitaliers. Ces temps-là sont révolus, en Irlande comme ailleurs. La maturation que je veux évoquer n'est pas celle que les pubs doivent au modernisme, à l'avènement de l'hygiène et aux normes de sécurité européennes, mais bien celle de leur décor. Un jour j'ai reçu un coup de téléphone du propriétaire d'un bar breton qui voulait le transformer en « pub irlandais », parce que ça marchait fort, les pubs. Avait-il été en Irlande ? Jamais. Voilà pourquoi, justement, il voulait « des conseils de déco ». J'ai raccroché après quelques paroles enveloppantes et courtoises. Il n'aurait pas compris ce que j'aurais pu lui dire. Par exemple ceci : pas plus que les trois vieux pommiers au coin du verger ne doivent leur forme à un quelconque concepteur de silhouette diplômé des beaux-arts arboricoles, le pub n'a de dette à l'égard d'un décorateur, architecte d'intérieur ou autre designer. Un jour, il y a trente ans, on a accroché au mur le portrait d'un cheval sur lequel on avait joué dix livres et qui en a rapporté deux cents ; la photo du fils le jour de la remise d'un diplôme ; celle de joyeux drilles, souvenir de la soirée des commerçants ; le portrait de groupe de l'équipe de hurling, championne du comté ; la carte postale adressée d'Australie par un ami ou un client de passage ; un billet de cent roupies. Et tous ces sujets ont fait des petits : trente ans plus tard, les murs en sont couverts. Au décès de la grand-mère, on n'a pas pu se résoudre à jeter le pot en aluminium avec lequel, gamin, on allait chercher le lait à la ferme ; on a gardé sa machine à coudre, son métier à tisser miniature, sa louche à irish stew. Alors, un peu animiste sur les bords, on les a posés sur les étagères, en compagnie du bâton de marche du grand-père, de sa canne à pêche, de ses outils de cordonnier, de ses livres d'école, etc. Comment imaginer qu'on reproduise ce que le mariage de la mémoire et de l'émotion a conçu ? Impossible. S'en approchent seulement quelques rares esprits sincères, qui ont vécu en Irlande et, revenus, ont rapporté dans leurs bagages non pas l'idée d'un coup commercial mais une nostalgie amoureuse qu'ils ont voulu faire partager.

Que penser, alors, de ces néopubs qui champignonnent sur notre portion d'arc atlantique ? Regretter que l'Irlande soit devenue un objet de marketing, éviter ces reproductions de pubs vendues en kit : des sociétés spécialisées dans le packaging fournissent en bloc, m'a-t-on dit, la machine à coudre, l'écrémeuse, les lignes de vieux bouquins collés entre eux, les photos de famille, les portraits de yearlings, les miroirs piqués en atelier de fausses crottes de mouches, voire en prime la serveuse rousse, livrée avec contrat à durée déterminée et certifiée d'origine. Mais il manquera toujours à ces pubs en toc l'essentiel : les Irlandais. Une âme ne peut pas se cloner.

Dans un de mes carnets de notes, je découvre le dessin qui suit, aide-mémoire griffonné *a priori* dans l'intention de délirer ultérieurement sur le temps irlandais, sidéral et sidérant. Suspendu, il se prélasse dans son hamac ?

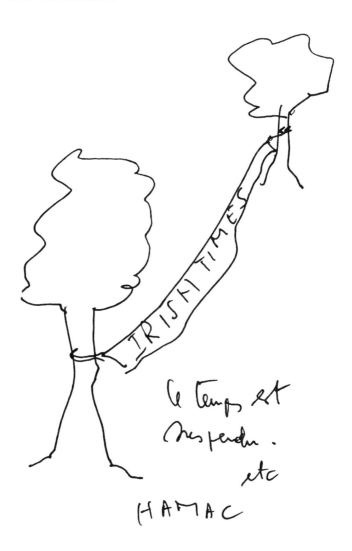

Est-il bien nécessaire d'insister là-dessus ? On m'aura compris, depuis le temps ! Pour clore le sujet des pendules arrêtées, cette belle lettre d'un chanteur rencontré il y a une dizaine d'années dans un pub de Donegal Town. Après six ans de silence, il me donne de ses nouvelles, presque des confidences qu'on ferait à un vieil ami, et demande des miennes, comme si nous avions bu un verre ensemble le mois dernier.

L'ancien employé de banque s'interroge : comme l'île vit dans un éternel présent, les entreprises irlandaises refusent-elles de fournir à leur banquier la moindre ébauche de compte d'exploitation prévisionnel lorsqu'elles décident d'investir ?

Investir... Frank, ce sage vélomotoriste, vieux garçon qui ne possédait qu'un casier à homards qu'il mouillait chaque matin et relevait chaque soir à une demi-encablure de la côte, dans la baie de Kenmare, aurait-il cédé à l'ambition ? Sur le quai où nous avions l'habitude de le rencontrer, je compte vingt-huit casiers. Frank se serait-il mis en cheville avec le fantôme de ce mareyeur des Côtes-d'Armor dont les factures du début du siècle sont exposées au musée des Blaskets ? Il venait prendre livraison des homards pêchés autour des îles par les contemporains de Maurice O'Sullivan et de Tomás O'Crohan.

Dans *Golden Days* ou *Journal d'un pêcheur anglais en Bretagne*, Romilly Fedden, un peintre et journaliste anglais, raconte comment certains jours, vers 1910, il venait à bout de la paresse des truites bretonnes en provoquant, avec l'aide d'un gamin du coin, ce qu'il appelait des éclosions artificielles. Munis de filets à papillons, ils partaient chasser la mouche de mai et en cueillaient des nuées, qu'ils gardaient dans des boîtes. Fedden se postait devant un pool riche en grosses truites et le gamin s'en allait en amont relâcher les insectes un à un. Entre deux mouches naturelles Fedden posait sa mouche artificielle et les truites, excitées, se la disputaient.

Il me vient à l'idée qu'à la bouche du canal on pourrait pratiquer de la même façon : cueillir des sedges dans les buissons d'aubépine ; en bourrer l'un de ces appareils dont les jardiniers se servent pour souffler les feuilles mortes ; attendre l'heure propice et appuyer sur la détente de ce qui serait un véritable *canon à sedges.*

Le procédé serait déloyal qui priverait le vent de son privilège d'organiser ou non les tombées de sedges à portée de nos fouets. Aussi y ai-je renoncé, vous pensez bien.

Sur le Mask, pas un souffle de vent, pas une ride : impossible de dapper, illusoire de fouetter un train de mouches noyées. Nous sombrons dans la bassesse. Déshonorés, mais repentants, nous pêchons à la traîne entre Castle Hag et Devenish Island, dans une faille où demeurent tapis les monstres, les truites de dix à vingt livres. Quelque chose, un poisson je suppose, happe notre cuiller ondulante et nous prend cent cinquante mètres de fil, d'une seule et régulière traction, sans la moindre pause, sans le moindre zigzag. Quand je verrai apparaître sous le fil le métal de la bobine, ce sera pour douter de la solidité du nœud. Pas de nœud.

Peter O'Leary, à qui je viens de raconter le drame, me dit :

« Ça me rappelle une histoire avec un vieil Anglais qui m'avait embauché comme gillie. Le lac était comme hier, complètement mort. Aucun espoir de prendre une truite à la mouche. Je ne voulais pas y aller mais maman m'y avait forcé. Je devais avoir une dizaine d'années. L'Anglais était un bon client, il fallait lui faire plaisir, que les conditions soient bonnes ou pas. Bien sûr, au bout de deux ou trois heures il en a eu assez de fouetter dans le vide. Il me dit : "Que dirais-tu de pêcher à la traîne, mon garçon ?" Un Anglais, pêcheur à la mouche, s'abaisser à ça ? J'étais sidéré. Je lui dis qu'on n'a pas de matériel. Il me répond qu'il a peut-être une vieille cuiller dans son attirail. Je fouille dans son sac et je trouve un truc tout rouillé. Des trois hameçons, il y en avait deux de cassés. Je lui dis : "Et vous voulez monter ce machin sur une canne à mouche ? – Essayons", qu'il me répond. Bon Dieu, moi qui n'avais qu'une envie, rentrer à la maison ! Je me dis mon bonhomme, ce petit jeu ne va pas durer longtemps. Je l'emmène dans un coin où il y a plein de roches. Il va accrocher et on sera débarrassés de cette foutue cuiller. Au bout de deux minutes, ça se passe comme prévu. Il accroche. Mais tout à coup il se met à crier : "J'en tiens une ! J'en tiens une !" J'ouvre des yeux grands comme ça. Aucun doute, il a un poisson au bout. Une saloperie de brochet, je me dis, qui va lui croquer son fil. Je le laisse travailler son poisson, ce qu'il fait dans les règles, et voilà le poisson qui apparaît à la surface. Une truite, Hervé, une énorme truite ! D'au moins dix livres ! Je manœuvre, l'Anglais fatigue la truite, j'empoigne l'épuisette en me disant que jamais la truite n'entrera là-dedans. C'était une petite épuisette digne d'un Anglais, un truc à décorer les murs des pubs, un machin de collectionneur. La truite arrive près du bateau, elle entre dans l'épuisette, je soulève et crac ! le manche casse. "La truite ! La truite ! Elle s'en va !" crie l'Anglais. Je lui prends sa canne des mains et je commence à tirer là-dessus. Avec l'épuisette qui était déjà sous l'eau, ça pesait une tonne ! Et voilà la canne qui casse au ras du manche ! J'attrape la soie et je commence à ramener la truite, l'épuisette et la canne, doucement, tout doucement. L'Anglais était pâle comme la mort. J'ai cru qu'il allait avoir une attaque. Et puis ce qui devait arriver est arrivé : pour finir, le bas de ligne a cassé. L'Anglais a fermé les yeux en marmonnant je ne sais pas quoi, et moi j'ai regardé la truite, l'épuisette et la canne s'éloigner et s'enfoncer petit à petit, jusqu'à disparaître. »

Il a plu à verse cette nuit.

« Avez-vous entendu le chien aboyer ? me demande Mrs. O'Leary. Non ? J'ai été obligée de sortir à trois heures du matin pour le faire taire. Ce matin, j'ai eu l'explication. John a trouvé un renardeau égaré sous un tas de planches. La mère devait rôder autour, voilà pourquoi le chien aboyait.

– Il a plu beaucoup ?

– Regardez, on aperçoit la ligne blanche du torrent de Tourmakeady qui dévale la montagne. Au mois de juillet ! »

Pluie égale saumon décidé à mordre. Dermot O'Connor nous a dit : « Il y a quinze jours les gens du coin ont pris un tas de saumons dans la rivière de Cong.

– Devant le château d'Ashford ?

– Sous le premier pont, devant le château et un peu plus haut. Partout ! Formidable ! Si cette rivière était bien gérée, je suis sûr qu'elle pourrait devenir aussi bonne que la Moy. »

Aussi bonne que la Moy ! Nous achetons notre licence, payons notre entrée au château qui vaut permis de pêcher dans les jardins, armons nos cannes et courons vers la berge. Presque plus d'eau. La canne nous en tombe des mains. Les saumons qui ont sur-vécu au massacre décrit par Dermot sont repartis dans le Corrib, après un petit coup d'œil sur le château et son parc, les grosses limousines, les valets en livrée et les belles dames et les beaux messieurs. Sur le deuxième pont, juste avant le village de Cong, un collègue observe la rivière, la canne en berne. Tout naturellement, nous allons vers lui quémander un brin de réconfort. C'est un Gallois, très bavard, une chance. Oui, en mai il y a eu des quantités de saumons. Il en reste très peu. Probablement un, là-bas, sous les branches. Impossible de lui présenter une mouche. En début de semaine, il y en avait un autre ici, dans le trou près du mur de la petite maison en pierre. Il y est peut-être toujours. Quoique, s'il y était, on le verrait. Il me conseille d'essayer, j'obéis, mais rien ne bouge.

Le Gallois nous prend pour des gars sérieux, des habitués du lieu. À défaut de poisson, cela comble d'aise votre ego, que d'avoir l'allure, sinon l'efficacité du grand pêcheur.

«Vous connaissez Declan, n'est-ce pas?» me demande le Gallois.

Je n'ose pas le décevoir.

«Ah oui, Declan...

– Savez-vous ce qu'il lui est arrivé la semaine dernière? En pêchant le saumon il a pris une truite de douze livres, là, en aval du pont. Douze livres!

– Beau poisson.

– Et ce n'était pas le premier de cette taille qu'il prenait par ici.»

Le Gallois juge inutile de continuer à s'escrimer. Il va essayer de remonter la piste d'autres saumons, dans d'autres fleuves.

«L'Erriff?

– L'Erriff? Ah non, je n'y pêche pas et n'y pêcherai jamais! C'est un endroit pour les Anglais!

– Certainement qu'il y a des Anglais, mais aussi des Français et des Allemands.

– Peut-être, peut-être, mais on y rencontre en majorité des Anglais.»

Que le Gallois n'a pas envie de rencontrer. Il me montre ses mouches. Les pêcheurs ont un côté gamins qui comparent leurs zizis. Il n'utilise que des petites mouches.

« Regardez celle-ci. Avec elle j'ai accroché un saumon que j'estime à quarante livres. Une femelle. Un monstre. Une bête magnifique. Je l'ai tenu une heure et demie et puis il a fini par se décrocher. De toute façon, je l'aurais relâché. On ne peut pas tuer un poisson comme ça. Une femelle de quarante livres, ce serait un crime ! »

Avant de partir, il me conseille de tenter encore ma chance dans le trou près du mur de la petite maison en pierre – il ne serait pas étonné que le poisson y soit toujours –, mais en lançant dans l'autre sens, du bout du mur. Je m'y rends. Des touristes passent sur le pont et me photographient. Me prient même de fouetter à blanc, pour la beauté du geste. Suis-je si photogénique, avec le château en arrière-plan ? La réponse, je l'ai sous les yeux : Annie la lit sur une plaque scellée dans le mur. J'anime par ma présence un lieu historique, qui figure dans tous les guides : la cabane de pêche, au Moyen Âge, des moines de l'abbaye de Cong. Les saumons se prenaient eux-mêmes au piège d'un sas et déclenchaient au passage l'ingénieux système d'alarme d'une corde qui reliait la trappe à une cloche dans l'office. Alerté, le moine cuisinier pouvait annoncer qu'il y aurait du saumon au menu.

D'ici que je me retrouve en première page d'un magazine ou d'une brochure touristique... Devrai-je faire valoir les droits de mon image ? J'aviserai. En tout cas, j'exigerai le paiement en livres de saumon sauvage. Quantité à déterminer.

Nous redescendons vers le Corrib. À l'embouchure de la rivière, les saumons marsouinent, nous narguent mais ne mordent pas.

Sur l'embarcadère du *Corrib Queen*, toujours vêtu de tweed et cravaté serré, le vieux gillie qui emmena John Wayne et Victor MacLaglen à la pêche attend le touriste. À son âge, plus de quatre-vingts ans certainement, affronter les vagues du lac pendant des heures doit lui briser le dos. Sort-il vraiment ou bien fait-il partie du décor, au titre d'un contrat qu'il aurait signé avec le château ? Je veux croire plutôt que c'est par plaisir qu'il monte la garde, une façon de se distraire et d'affirmer sa présence sur terre. Aux guichets de l'existence, il tient la permanence, autrement dit.

Nos épouses ne nous accompagnent pas toujours le soir à la bouche du canal. Il leur arrive de préférer marcher à l'aventure sur les berges du Lough Mask. Elles empruntent les routes de dessertes de hameaux, les sentiers entre les murs de pierres sèches, les chemins creux, et suivent les ornières aléatoires creusées par les tracteurs le long des talus. Parfois, à l'orée d'un bois, perplexes, hésitant à choisir entre les deux branches d'une fourche qu'elles ne reconnaissent pas, elles coupent à travers les champs fauchés et les pâtures envahies de chardons – à condition qu'elles n'aperçoivent pas de vaches à l'horizon –, et s'égarent. Un soir, elles se sont perdues pour de bon. Alors que nous nous interrogions, vers minuit, sur la pertinence de sonner l'alarme (Mr. O'Leary dirige une brigade de secours en lac, et bien qu'en l'occurrence nous fussions en présence d'une double disparition terrestre, il aurait très bien pu organiser les recherches), leurs Blondeurs sont réapparues au pignon de la maison, sur la route de Ballinrobe. Essoufflées, égratignées, crottées, elles n'en revenaient pas d'avoir échappé à une nuit à la belle étoile (façon de parler, car il faisait nuit noire), qu'elles auraient passée serrées l'une contre l'autre comme des brebis contre un mur dans l'humidité d'une prairie, sursautant au moindre aboiement de renard, hurlant de peur lorsqu'un taureau curieux leur aurait soufflé dans les cheveux de l'air de ses naseaux. Elles éprouvent rétrospectivement la honte qui eût été la leur si nous avions lancé sur leurs traces Mr. O'Leary et ses fils, plus les brigades de secours de Cushlough Bay et de Caher Pier, scénario incluant des chiens policiers, une noria de pick-up et de 4×4, des puissants projecteurs, des torches, et, pour finir, comme elles ne doutent pas qu'on les aurait retrouvées – sauf à s'être noyées dans les marais de l'embouchure de la Robe River où les auraient dévorées les perches et les brochets –, concluent le sauvetage par un whiskey chaud de réconfort auprès du feu, dans le salon de Mrs. O'Leary. Me revenant en mémoire ce chef-d'œuvre de Charles Williams, *Fantasia chez les ploucs*, polar où des arnaqueurs, pour rameuter la foule et lui vendre sandwichs et alcool clandestinement distillé, inventent la disparition dans les marais et dans le plus simple appareil de Miss Caroline Tchou-Tchou, reine du strip-tease, j'émets l'idée que nous aurions pu prétendre, afin de grossir la troupe des secouristes, que nos dames étaient des adeptes lunatiques du naturisme nocturne.

Nous sirotons un Black Bush froid et nous régalons du récit des égarées. Alors que la nuit tombait, elles ont décidé de rejoindre leur campement, au plus vite, sachant bien qu'ensuite ce serait très difficile. Hâte fatale, manque de discernement, elles prennent la direction opposée, échouent sur la berge de la Robe River. Là, les messieurs se moquent. Il suffisait de remonter le courant et d'atteindre des endroits connus – par exemple, ce vieux moulin en cours de rénovation, au bord de la route. Elles y ont bien pensé, mais n'ont pu déterminer dans quel sens coulait la rivière. Ah, que n'ont-elles été girl-scouts ! Elles auraient déposé sur l'eau un brin d'herbe, une plume de cygne, une feuille de bouleau, et observé la dérive. Quant aux points cardinaux, du chinois pour elles. Il y avait bien encore dans le ciel une lueur indiquant le couchant, non ? La maison regardant l'ouest, au bord de la Robe elles se trouvaient au nord et auraient donc dû marcher en direction du sud. Les dames sont fâchées avec la géographie de Cushlough Bay. À trop insister nous risquerions de les vexer et de gâcher la joie des retrouvailles. Il y a plus important. En chemin, elles se sont empêtrées dans les ronces d'un noir taillis, se sont entaillé les genoux en tombant sur des cailloux. Et alors ? Alors, ces cailloux, c'étaient des pierres tombales, chers messieurs ! Un cimetière ! En pleine nature ! À l'instant où elles se voyaient déjà violées par une bande de revenants aux yeux caves, une voiture (la nôtre, certainement) est passée sur la route. Toute proche. Comme l'est donc le cimetière. Je doute. Vingt ans que nous traînons nos bottes dans le coin et nous n'aurions jamais vu ce cimetière ? Pas étonnant, rétorquent les dames, il est dissimulé dans la végétation. À vingt pas, on dirait une espèce de bouquet d'arbres enchevêtrés. Eh bien, nous irons voir !

Au petit déjeuner, je raconte l'aventure à Mrs. O'Leary.

« Ce cimetière existe, Hervé. C'est là que sont enterrés les noyés.

– Les noyés ?

– Je ne vous en ai jamais parlé ? Une famille entière, les Flannery. C'est arrivé il y a quinze ans, presque jour pour jour, le 2 juillet 1984. Des gens très gentils, qui habitaient pas loin d'ici, une maison à gauche quand vous allez à Ballinrobe. La dame y habite toujours, oh vous connaissez la maison, Hervé, vous passez devant à chaque fois que vous allez au canal. Ils avaient quatre beaux enfants, trois garçons et une fille. Le père avait passé un certain temps dans l'armée britannique, en Asie. C'était un bel homme, sportif, très bien bâti, et ses fils lui ressemblaient. Pour aller sur le lac, il avait un bateau en acier, une drôle de barque en forme de caisse, large et courte, vous voyez ce que je veux dire ? Et là-dessus il avait un énorme moteur, très puissant, un hors-bord de cinquante chevaux.

– Cinquante chevaux ?

– Oui, Hervé, cinquante chevaux. John et d'autres pêcheurs lui avaient dit à plusieurs reprises que ce moteur était beaucoup trop puissant pour ce bateau, qui en plus n'était pas très haut sur l'eau. Alors, vous imaginez, quand ils étaient cinq dedans comme ce soir-là…

– Partis à la pêche ?

– Se promener. Une idée qui a traversé la tête du père, un soir, après dîner. Aller faire un tour à Tourmakeady et revenir.

– Mais le lac est large de près de trois milles !

– Oui, Hervé, presque trois milles sur cette barcasse en ferraille. Et le vent qui soufflait ! Jamais ils n'auraient dû partir. Il n'empêche que si Mrs. Flannery avait donné l'alerte à temps, ils auraient été sauvés. L'eau n'était pas froide et ils étaient tous d'excellents nageurs. Seulement voilà, il était neuf heures, *neuf heures le lendemain matin*, Hervé, quand Mrs. Flannery est venue frapper à la porte de la cuisine. Elle m'a d'abord demandé si je n'avais pas quelques cigarettes à lui donner car, m'a-t-elle dit, son mari était parti sur le lac avec les clés de la voiture et elle ne pouvait donc pas aller à Ballinrobe en acheter. "Votre mari est parti sur le lac ? Mais quand ? Tout à l'heure ? – Hier soir, avec les enfants, me dit-elle. – Et il n'est pas rentré ? Et vous n'avez pas donné l'alerte ?" Elle me répond : "Oh, je ne m'inquiète pas, ils sont sûrement tombés en panne, ils ont passé la nuit sur une île et vont bientôt revenir." John et moi avons tout de suite pensé au drame. Ce bateau ne nous inspirait pas confiance… John a alerté toutes les équipes de secours. Une heure après on retrouvait deux des garçons, épuisés, mais vivants. Le père s'était noyé, ainsi que sa fille et son troisième fils. Le pire, Hervé, c'est qu'ils venaient de couler quand les sauveteurs sont arrivés. Une demi-heure plus tôt et ils seraient tous en vie aujourd'hui. Les deux garçons ont raconté qu'une vague avait retourné le bateau et qu'ensuite ils avaient nagé en restant groupés, pour essayer d'atteindre Devenish Island. Mais le vent les repoussait sans cesse. Ils ont ainsi tenu le coup jusqu'au matin. Jusqu'à ce que trois d'entre eux n'en puissent plus et se laissent couler. Une tragédie, Hervé, une véritable tragédie. Il y avait ce cimetière à proximité, Mrs. Flannery a voulu y enterrer les siens. Elle va régulièrement fleurir la tombe et enlever les saletés autour. Le reste est à l'abandon. Je dis souvent à John que j'aimerais être enterrée là, à deux pas de chez moi.

– Un bel endroit.

– Pour je ne sais quelle raison, la veuve ne pouvait prétendre à aucune pension après le décès de son mari. Elle était absolument sans ressources. Les gens ont été formidables. On a organisé une quête dans la paroisse, et puis comme on en a parlé dans les journaux, de l'argent est arrivé de partout et ça a fini par faire une très grosse somme. Mrs. Flannery a pu acheter la maison, l'arranger et élever ses enfants. C'est une dame très gentille. Je suis sûre que vous l'avez souvent croisée sur la route. »

Après le petit déjeuner, nous nous rendons au cimetière. Il faut emprunter un chemin envahi par les orties, franchir plusieurs clôtures, traverser un bosquet de saules tordus nés d'une tourbière d'où sourd un ruisselet, et marcher en direction de l'angle d'une prairie où se dresse en effet un sombre massif, trop sombre pour n'être qu'un boqueteau de frênes, les arbres qui le dominent. Il y a des ifs, quatre ifs à l'origine plantés aux quatre coins de ce qui fut une chapelle, la première sépulture. Le toit s'est écroulé et des murs il ne reste que quelques moignons, quelques belles pierres sculptées d'armoiries. Les ifs, trapus comme des lutteurs voûtés, ont étendu leur branchage à l'intérieur et recouvert l'unique tombe d'un catafalque d'aiguilles pourries, funèbre ciel de lit qui éclipse le soleil et les étoiles, créant une ombre perpétuelle sous ce sépulcre végétal. Tout autour, des frênes. Sont-ils, comme les ifs, des arbres pour les morts ? Frêne, en anglais, se dit *ash* ; cendres, *ashes* ; et pâle comme un mort, *ashen*. Reposent ici les cendres d'un landlord et de plusieurs de ses descendants. Probablement l'un de ces grands propriétaires fonciers, du temps des domaines de vingt, trente, cinquante mille hectares que s'étaient appropriés les Anglais. Je dirai au retour à Mrs. O'Leary que le bonhomme devait avoir l'Irlande chevillée à l'âme pour se faire enterrer dans un coin aussi discret, à l'écart de la pompe des nécropoles du royaume. Peut-être aussi était-il en froid avec ses pairs, et appartenait-il à ces anglo-irish, premiers colons devenus plus irlandais que britanniques et gagnés par l'esprit d'indépendance comme le furent en Amérique les descendants du *Mayflower* ? Sa femme était irlandaise, si on en juge d'après le nom de son père, O'Hara.

Sur la stèle mouchetée de lichen, je déchiffre :

In loving memory of
E. LIVESAY
Esquire of Coss Lough
Died 1858, aged 58 years
And of FLORINDA Henrietta
His widow
Daughter of R. O'HARA
Esquire of Raheen, Co. Galway
Died 1884, aged 84 years
ALSO
Richard late lieut. RN and Charles Edward, their sons
And ELLY, their granddaughter and daughter of
W. BLAKE, Esquire of Oran Castle, Co. Galway.

Au nord de la chapelle, à proximité du mur en ruine, s'affaissent d'autres tombes, sous deux mètres de ronces. Seule tombe entretenue et fleurie de fleurs sauvages, celle des noyés, dont la pierre porte cette simple inscription :

2nd July 1984
John FLANNERY
His son OLSON
Daughter TARA.

Au moins une fois l'an nous effectuons notre *Tro Vraz*, notre grand tour des montagnes de Partry et de la Joyce Country : Westport, Louisburgh, Doo Lough, Delphi, Aasleagh Falls, Leenane. Arrêt obligatoire à Maam Bridge Inn. Nous sommes un peu en retard pour dîner.

« Nous avons déjeuné dans votre village natal, Josephine.

– Vous avez été à Louisburgh ? Dans quel pub, Hervé ?

– Un nouveau pub. Tout de suite à gauche après le carrefour, avant le pont sur la Bunowen.

– Il y a toujours eu un pub à cet endroit, seulement il a été agrandi. Il appartient à un de mes cousins. La boucherie d'à côté a fermé. Il a acheté le local et abattu le mur entre les deux.

– La décoration a dû coûter très cher.

– Mon cousin en espère beaucoup. Il compte sur les touristes. Mais il me semble qu'il n'en passe pas des millions à Louisburgh. Vous êtes revenus par le Doo Lough ?

– Oui, nous aimons ces paysages.

– Vous avez dû voir la maison de ma grand-mère maternelle. C'est la seule à droite sur la colline juste au début de la descente vers Delphi. Elle surplombe le lough. Quand j'étais petite fille, j'y allais en vacances. J'adorais m'endormir en entendant les renards aboyer et les oiseaux de nuit pousser leurs drôles de cris.

– Vous auriez dû l'acheter.

– Nous n'en avions pas les moyens, nous venions

de nous marier, et en plus jamais de la vie nous ne nous serions mêlés de cette affaire. Peut-être aurions-nous dû. Mais mangez donc avant que ce ne soit froid, je vous raconterai l'histoire de cette maison en servant le thé. »

Le thé est servi, Mrs. O'Leary s'assied. Autour d'elle flotte une odeur de tabac blond. Elle a fumé sa deuxième ou troisième cigarette de la journée.

« Quand ma grand-mère est morte, c'est une de mes tantes, sa fille aînée, qui a hérité de la maison. Hérité n'est pas le mot exact. Comme elle était célibataire, elle est restée dans cette maison, et quelques années plus tard les papiers ont été faits pour qu'elle en devienne propriétaire. L'un de ses frères, un de mes oncles par conséquent, habitait non loin de là. Sa femme est morte, et peu après il l'a suivie dans la tombe, laissant deux fils adolescents. Pour poursuivre leurs études, ils ont dû vendre la maison de leurs parents. L'un est devenu médecin, l'autre ingénieur. Une vingtaine d'années plus tard, la tante a répandu le bruit qu'elle était désormais trop vieille pour rester habiter une maison aussi isolée. Mes deux cousins ont voulu acheter la maison de leur grand-mère où, comme moi, ils allaient passer leurs vacances. Ils ont proposé à la tante un prix décent. Elle n'a pas voulu la leur vendre.

– Pourquoi ?

– Pourquoi ? Parce qu'elle en voulait plus cher, de cette maison qu'elle avait eue sans débourser un sou. Elle a dit : "Je ne vois aucune raison de vous la vendre sans savoir quel prix quelqu'un d'autre m'en donnerait."

– Elle manquait d'argent ?

– Elle ne savait que faire de son argent.

– Diriez-vous qu'elle était cupide (*greedy*) ?

– C'est le mot qui convient, Hervé. Tiens, c'est comme ça que nous aurions dû l'appeler, Auntie Greedy. Elle met donc sa maison sur le marché, les enchères montent, ses neveux renoncent à suivre, un voisin l'achète et la revend quelques années plus tard, avec un gros bénéfice, à des Allemands. Qui la laissent inoccupée onze mois de l'année. C'est une honte, Hervé, une grande honte.

– Et cette tante, elle est toujours en vie ?

– Dans une maison de retraite, où elle dispose de tout son temps pour compter son argent. »

Les prix de l'immobilier flambent, en Irlande. L'*Irish Times*, au grand dam de certains de ses lecteurs, se délecte, dans des articles un rien complaisants, de prix faramineux auxquels se vendent des propriétés, en particulier dublinoises. Des articles *people*, avec curriculum vitae et photo des vendeurs et des acheteurs, les intentions de ces derniers concernant l'ameublement et la décoration, bref l'équivalent de ces émissions de télévision qui montrent la vie des riches pour faire rêver les pauvres, une rubrique incongrue dans un journal aussi sérieux.

J'ai échangé deux mots avec Tom Walkins au sujet de l'inflation galopante. Il m'a aperçu sur le trottoir, s'est levé à la hâte de son bureau et nous avons échangé une poignée de main chaleureuse. Après les considérations liminaires sur le temps et la pêche, j'ai dit :

« Je vois votre nom partout sur les panneaux "À vendre". Vos affaires doivent marcher. Les prix ont explosé. »

Tom Walkins hausse les sourcils, porte sa main à sa gorge comme s'il allait se trouver mal et au lieu d'exulter, comme je m'y attendais, compte tenu de sa profession d'agent immobilier et d'*auctioneer*, il chuchote sur le ton d'une oraison funèbre :

« Tout se vend, absolument tout, et à n'importe quel prix. Les gens sont devenus fous. Le mois dernier, à Dublin, savez-vous combien de propriétés de plus d'un million de livres – je dis bien de livres, pas de plus d'un million de francs français – se sont vendues au cours de la même séance d'enchères ? Seize. Et savez-vous combien de temps ont duré les enchères au total ? Une heure. Seize propriétés de plus d'un million de livres en une heure. Une toutes les trois quatre minutes.

– Comment expliquez-vous cela ? La croissance ?

– La croissance, bien sûr, mais surtout les banques. Elles vident leurs coffres à la pelle. À la pelle ? À la brouette ! Des jeunes couples veulent emprunter cent mille livres ? Un claquement de doigts, et hop, voilà les cent mille livres sur la table. C'est dingue, vraiment dingue. »

Les dames et Claude me rejoignent sur le seuil de Tom Walkins.

« Claude, mon ami. Charlotte, son épouse. Annie, ma femme.

– Je connais vos épouses. Je les aperçois tous les ans. Vous avez bien de la chance d'avoir des femmes aussi charmantes, et toujours de bonne humeur.

– Nous n'avons pas à nous plaindre.

– Je suis sûr que non.

– Et je crois qu'elles ne se plaignent pas non plus.

– J'en suis persuadé. Vous m'avez tout l'air de deux types formidables. On a vraiment beaucoup de plaisir à vous voir ici. »

Il le dit avec un tel accent de sincérité que j'en reste bouche bée. Il me tape sur l'épaule, nous serre la main, comme s'il était ému par sa confidence.

« Allez à la pêche, les amis ! Bonne journée ! »

Mrs. O'Leary apporte une seconde théière et nous sert.

« Il est trop tard pour le regretter, Hervé, mais voyez-vous, vous auriez dû acheter la maison de la route de Cloonliffen, il y a trois ans. »

Il y a trois ans, vers la mi-novembre, Mrs. O'Leary me téléphone pour me dire qu'une maison est à vendre près de chez elle.

« John ne voulait pas que je vous appelle parce qu'il pense que cette maison n'est pas assez grande ni assez confortable. Mais je sais que c'est ce genre de maison qui vous plaît. Elle a été construite au début du siècle.

Deux pièces en bas, une cuisine et une salle, et deux petites chambres en haut. Un cabinet de toilette, avec une douche et un WC, a été construit au pignon, et tout cela fonctionne. Il n'y a pas de chauffage central, mais deux cheminées à chaque bout. Elle appartenait à deux sœurs célibataires, la dernière vient de mourir et la maison va être mise sur le marché par les héritiers. L'endroit ne peut que vous convenir, Hervé : elle se trouve sur la route du canal, tout de suite après l'embranchement de la route de Cushlough.

– Il y a du terrain ?

– Un acre, Hervé, clos de murs et de haies. »

Un cottage et un demi-hectare, à moins d'un kilomètre du lac, dans cette campagne préservée, je m'y vois déjà.

« Quelques travaux d'entretien seraient nécessaires. John estime que le toit mériterait d'être examiné. Mais je suis souvent allée à l'intérieur. C'est propre, et surtout ce n'est pas humide. La maison est saine, on peut y habiter tout de suite. Les plus grandes fenêtres donnent sur les champs, et entre la maison et le lac il n'y a pas d'autre maison. Vous pourriez faire votre bureau en bas, personne ne vous dérangerait. Aucun risque que quelqu'un vienne frapper à votre carreau pendant que vous travaillerez. »

Au mois de novembre, il n'y a plus de vols directs Brest-Cork. Aller se rendre compte sur place exigerait de passer par Paris et Dublin. Pourquoi irais-je ? Mrs. O'Leary connaît nos goûts, on peut lui faire confiance.

« Quel prix en demandent les héritiers ? »

Ici l'affaire se complique, et je ne l'ignore pas. Les héritiers vont sonder le marché, soit eux-mêmes, soit par l'intermédiaire d'un *auctioneer* (l'ami Tom Walkins, peut-être ?), et attendront que la rumeur leur indique ce qu'on pourrait appeler un pied de prix qui leur permettra de rebondir en faisant revenir aux oreilles des acheteurs potentiels que se sont manifestées des offres supérieures, vraies ou fausses. De cette seconde rumeur naît un prix susceptible de devenir un prix d'équilibre. Mais si les vendeurs supputent qu'une ultime compétition entre plusieurs acheteurs peut encore faire monter le prix, des enchères officielles sont organisées, dans un pub ou dans les salons d'un hôtel.

« John ne mettrait pas plus de dix mille livres dans cette maison. Mais je crois que c'est tout de même trop bas, ne serait-ce qu'à cause du terrain.

– Dites-moi quel prix serait raisonnable.

– Je pense qu'il ne faudrait pas aller au-dessus de quinze mille livres.

– Avons-nous une chance de l'avoir à ce prix-là ?

– C'est son prix, Hervé. Voulez-vous que je fasse une proposition ? Bien sûr, je ne dirai pas que c'est pour vous, sinon ils doubleraient aussitôt le prix. Je dirai que c'est pour un de mes enfants, ou quelqu'un de la famille.

– Eh bien allons-y. Quinze mille livres. »

Trois mois plus tard, Mrs. O'Leary m'apprendra que la maison a été vendue vingt-six mille livres à des retraités dublinois.

« Des gens qui avaient des attaches dans la région. Et de l'argent, après la vente d'un appartement à Dublin. N'ayez aucun regret, vingt-six mille livres, c'était beaucoup trop cher. »

Au printemps suivant, Mrs. O'Leary tiendra à apaiser encore d'éventuels regrets.

« En février, une tempête a emporté une partie du toit. Heureusement que vous n'avez pas acheté. »

En 1999, son opinion est inverse.

« Cette maison vaut au moins soixante mille livres, à présent.

– Heureusement que vous n'aviez pas vendu la vôtre au prix que vous en attendiez, il y a quatre ans.

– Ah, Hervé ! Ne parlons plus de ça ! Cette idée est bien oubliée ! »

En juillet 1995, nous étions au salon, à siroter le whiskey de bienvenue. Mrs. O'Leary a allumé une cigarette. Signe de nervosité ?

« Hervé et Annie, j'ai une grande nouvelle à vous annoncer : John et moi avons décidé de mettre la maison sur le marché.

– Vendre votre maison ? Mais pourquoi ? » me suis-je écrié.

Il y avait dans cette éventualité comme un sacrilège, une transgression aux règles de cet art de vivre que les O'Leary s'étaient bâti au bord du lac.

« Il ne nous reste plus que Fiona, la maison est bien trop grande pour trois personnes. Nous ferons construire un bungalow sur la butte, au fond de la prairie.

– Là-haut, au milieu des frênes ?

– Ce bois n'est que de la saleté (*rubbish*) qui attire les renards, nous en couperons une bonne partie.

– Mais vous aurez votre maison sous les yeux, tout le temps !

– Achetez-la, Hervé ! Cela me ferait plaisir.

– Je suis certain de n'en avoir pas les moyens. Combien vaut-elle ?

– Nous comptons en demander... »

Mrs. O'Leary m'a annoncé une très belle somme, que justifient les huit chambres, les quatre salles de bains, les deux salons, les dépendances et l'emplacement qui fait de cette maison *un site*, une demeure exceptionnelle, doublée d'un monument historique, si je puis dire. Bâtie par l'armée anglaise, elle date du XVIIIe siècle. Y résidaient les officiers d'un régiment de dragons, à l'abri derrière ses murs épais d'un mètre. En face, sur Castle Hag Island, un fortin occupé par des soldats gardait l'entrée de la baie de Cushlough et la protégeait d'éventuels agresseurs venus en barque de Tourmakeady.

« J'ai l'intention d'arrêter mon activité de Bed and Breakfast. Avec l'argent placé, nous vivrons très bien. Si je ne reçois plus personne, à quoi bon garder toutes ces pièces ? Savez-vous, Hervé, qu'en hiver il m'arrive de ne pas mettre les pieds là-haut une seule fois ?

– Adieu, Cushlough Bay !

– N'ayez aucune crainte, il y aura toujours une

chambre pour vous dans la maison neuve. Et puis peut-être un jour trouverez-vous une autre maison à acheter près d'ici. »

Un ange a passé, l'aile basse, la mine triste.

« Voilà, Hervé, il faut que certaines choses aient une fin. Nous vivons dans cette maison depuis notre mariage. C'est le père de John qui nous l'a cédée. Il l'avait achetée en 1950, avec toutes les terres. Nous y avons gagné notre vie, nous y avons élevé nos enfants, de quoi nous plaindrions-nous ?

– Un de vos enfants pourrait reprendre l'affaire.

– Peter aurait pu. Mais il est fonctionnaire et sa future épouse aussi. Alors… »

La discrétion ne nous autorisait pas à poser des questions trop personnelles. Les causes de cette décision, qui nous avait assommés, se dévoileraient d'elles-mêmes, peu à peu. Mrs. O'Leary avait eu un coup de blues. Décès de son père, maladie de son beau-père devenu aveugle (et rétabli depuis), mariage et départ de sa fille aînée, fatigue, dépression légère, envie de tout abandonner.

L'année suivante, elle a retrouvé son entrain.

« Les enfants n'ont pas voulu que nous vendions la maison. Comme vous, ils nous ont dit comment pourrez-vous vivre avec votre maison sous les yeux ? Et puis ils m'ont fait remarquer que je pouvais arrêter de travailler, mais que pour autant ce n'était pas la peine de vendre. Voyez, vous allez pouvoir continuer de venir jusqu'à ce que nous soyons tous vieux, ou plus vieux, car nous ne sommes plus très jeunes. L'année dernière, j'étais fatiguée. Cette année, je suis soulagée de n'avoir pas vendu. Je dois vous dire, Hervé, que la chose que je craignais le plus était que la maison ne fût achetée par des Allemands. »

Mrs. O'Leary les reçoit avec une courtoisie égale, mais n'aime ni les Allemands ni les Irlandais (protestants) du Nord. En ce qui concerne ces derniers, on devine pourquoi, mais les Allemands ?

« Ils achètent tout sans discuter le prix ! Et puis

après ils s'enferment chez eux. Ici, ils auraient commencé par faire construire un mur de trois mètres de haut tout autour de la maison, installé une porte blindée avec des caméras, et pour finir auraient laissé des chiens féroces en liberté à l'intérieur du jardin, exactement comme les Allemands de la route de Caher. Cushlough Bay n'aurait plus été Cushlough Bay ! Vraiment, je suis heureuse de n'avoir pas commis cette bêtise. J'ai décidé de continuer à travailler, mais à mon rythme. En dehors de la période de la mouche de mai, j'accepte qui me plaît et quand ça me plaît. »

Les Allemands... Je suis gêné d'avoir dû y revenir à travers ce dialogue avec Mrs. O'Leary, mais que puis-je contre cette évidence que dans beaucoup d'endroits en Irlande la plupart des Allemands ne sont que tolérés ? J'en suis d'autant plus chagriné que j'ai d'excellents amis allemands, Manfred, un avocat de Munich, son épouse Gerlinde et leur amie Petra. Manfred a visité l'Irlande plusieurs fois, apprécie le whisky irlandais et ne fume que des cigarettes... irlandaises, des *Sweet Afton*. Sur le paquet, ces vers de Robert Burns...

Flow gently, Sweet Afton,
Among thy green braes,
Flow gently, I'll sing thee
A song in thy praise

... plus agréables à lire que l'avertissement habituel « Nuit gravement à la santé », ce que personne n'a envie de contester, pas plus qu'on ne peut nier ce quasi-syllogisme griffonné sur un distributeur de cigarettes, dans un hôtel : « *Cancer cures of tobacco* », « le cancer guérit du tabac ».

À propos de tabac, le fumeur timoré que je suis ne peut s'empêcher d'évoquer la stature du père de Mr. O'Leary. Dans sa jeunesse, il accompagnait, en qualité de gillie, le président de la Royal Dutch, son chauffeur et sa Rolls-Royce, à la bouche du canal. Nous le voyons tous les soirs faire les cent pas de la maison au lac et du lac à la maison, la cigarette au bec.

« Combien de cigarettes fume-t-il ? ai-je demandé à Mrs O'Leary.

– John croit qu'il fume un paquet par jour, celui qu'il lui donne tous les matins. En réalité il en fume deux, car je lui en donne un autre en fin d'après-midi. Remarquez, il lui en reste toujours une ou deux de ce deuxième paquet. Alors disons trente-huit ou trente-neuf cigarettes par jour.

– Quel âge a-t-il ?

– Quatre-vingt-dix ans cette année. »

Afin de n'être pas traîné en justice par la ligue anti-tabac qui a dans le Finistère de redoutables représentants, à ce mauvais exemple j'opposerai son contraire.

« John a été un gros fumeur. Il a arrêté il y a plus de dix ans.

– Combien fumait-il ?

– En principe soixante cigarettes par jour. En réalité peut-être plus. »

Et voilà qu'à abuser de la digression tabagique j'ai perdu le fil de mon discours. Où en étais-je ? Ah oui, à l'inflation des prix de l'immobilier.

« Par rapport au prix que vous m'aviez indiqué à l'époque, votre maison vaut aujourd'hui le double, dis-je à Mrs. O'Leary. Des maisons moins grandes, moins belles et moins bien placées que la vôtre sont vendues à un prix supérieur à celui auquel vous songiez il y a trois ans. »

Je lui montre, à la page des annonces immobilières du journal local, la photo d'une grande maison de plain-pied – un bungalow – située à Tourmakeady. En Bretagne, au bord de mer, cet équivalent de nos biniouseries des années soixante et soixante-dix, ces « villas néobretonnes » selon la terminologie de nos agences, vaudrait environ un million de francs. L'annonce précise : offres à partir de 250 000 livres, c'est-à-dire près de 2,5 millions de francs.

« C'est très cher, vous ne pensez pas ?

– Les gens s'arrachent tout ce qui est au bord d'un lac ou de la mer, Hervé. C'est de la folie. Si le marché se retourne, ils ne pourront même plus vendre. Les maisons vaudront moins que leurs hypothèques. Comment feront-ils pour rembourser leurs emprunts ? »

Mrs. O'Leary me parle d'une maison que son fils Peter, qui doit se marier l'an prochain, a visité près de Castlebar. C'est pour moi l'occasion de noter une jolie expression : *granny flat,* un « appartement de grand-mère » que les vendeurs avaient aménagé dans un garage pour accueillir leurs parents.

Sur deux enfants nés aujourd'hui, il y a un centenaire en puissance, paraît-il. Il est grand temps de prévoir un *granny flat* dans toutes les maisons.

D'une année à l'autre, les cygnes sauvages se multiplient. Ils se rassemblent le soir dans une anse de Cushlough Bay. Est-ce à cause d'eux que les herbiers, devenus ces temps derniers si envahissants qu'on ne pouvait plus pêcher le brochet à la cuiller, n'affleurent plus, alors que les eaux sont très basses ? Un ami, qui s'y connaît, m'affirme que les cygnes sont friands des jeunes pousses de nénuphars qu'ils cueillent, grâce à leur long cou, dès qu'elles apparaissent dans le fond, tendres comme des turions d'asperges. Peut-être ces herbiers, à l'odeur écœurante de foin chauffé et de feuille de coriandre lorsqu'ils arrivent à maturité, produisent-ils, quand ils renaissent au printemps, de délicates et délicieuses tiges blanches ? Comment savoir, alors, qui de la machine à faucarder ou des cygnes a ralenti les proliférations des plantes aquatiques ?

Notre amie Charlotte est myope et il faut vivre dangereusement, dit-on. Quand nous allons dîner à Clonbur chez Eddie's, pour avoir quelques frissons apéritifs, nous lui confions le volant, et fermons les yeux. Cela dit, depuis vingt-cinq ans qu'elle conduit, elle n'a jamais eu le moindre accrochage, ni en France ni en Irlande.

Nous sommes au salon. Je suis debout à regarder le soleil se coucher sur le lac.

« Il y a un tas de gosses qui font du dériveur dans la baie », dis-je.

Charlotte écarquille les yeux.

« Oh là là, dit-elle, mais il y en a des dizaines ! Comment ça se fait ?

– C'est le commencement de la fin. L'Irlande est foutue, ma pauvre. Après les dériveurs on verra des pédalos, et puis des planches à voile, et pour terminer des gens qui feront du ski nautique.

– Idiot ! Ce sont des cygnes !

– Vous formeriez un beau couple, tous les deux, dit Annie, l'une complètement miro et l'autre dur de la feuille.

– À propos, tu n'as pas remarqué ? dit Charlotte.

– Quoi donc ?

– Ton mari, en anglais, il n'est plus du tout sour-dingue.

– Je sais pourquoi, affirme ma chère épouse, c'est parce qu'en anglais il est très attentif. Par contre, quand c'est nous qui parlons il n'écoute pas la moitié de ce qu'on dit. Monsieur l'écrivain est ailleurs, dans ses pensées. »

Il y a là, hélas ! un fond de vérité.

Encore plus joli, à propos de myopie. Claude et moi débarquons sur Castle Hag Island pour déjeuner. Nos épouses ont allumé le feu, l'eau du thé chante dans la bouilloire. Pendant que je m'éloigne pour chercher du bois mort, il se raconte quelque chose autour du feu. On rit beaucoup. De moi ? J'exige d'en connaître la raison. Pas question. D'ailleurs, me ras-sure-t-on, cette histoire concerne Charlotte et elle a interdit à Annie et à Claude de me la raconter. Pourquoi ? Parce qu'elle n'a aucune envie de se retrouver croquée dans un prochain livre. Eh oui, l'écrivain est un prédateur, très chère amie, et quand on en fréquente un spécimen, il faut l'accepter avec ses défauts ! Elle en conviendra dans le courant de la semaine et m'autorisera à écrire ce qui suit.

Claude et moi pêchons au nord de Castle Hag Island, sur un terrain miné où l'on ne s'aventure qu'à la rame. Le lac est calme, trop calme. Il ne sert à rien de pêcher avec un train de trois mouches noyées. Un peu las, je change de bas de ligne, noue à ma soie cinq mètres de seize centièmes et accroche au bout un gros sedge en cul-de-canard que j'expédie le plus loin possible de la barque et que j'anime de temps en temps, nonchalamment, en rêvant. Un quart d'heure plus tard jaillira du miroir une truite agacée, que je prendrai. Presque trois livres.

Pendant ce temps, les femmes traquent le bouc de l'île et lui tirent une fois de plus le portrait. « Il y a toujours *a goat* sur l'île, Hervé ? me dira Mrs. O'Leary. *A goat or a she-goat* ? Un bouc ou une chèvre ? – Un bouc. – C'est une honte de laisser cette pauvre bête toute seule sur une île, elle doit s'ennuyer terriblement. » Nous partageons cette opinion : il eût été plus charitable de donner à ce bouc quelques chevrettes à honorer.

Annie nous observe à la jumelle.

« Ils ont plutôt l'air de faire la sieste que de pêcher. »

Charlotte a le regard braqué sur la berge du lac.

« Quand ils reviendront boire le thé, il faudra leur dire d'aller faire un tour à la pointe, là-bas.

– Pourquoi donc ? s'étonne Annie.

– Tu n'as pas remarqué le pêcheur ? Un bout de temps qu'il y est. Il ne bouge pas de là et en met un sacré coup. Il fouette comme un forcené. »

Annie regarde de ce côté, et qu'aperçoit-elle ? Une vache... dont la queue n'arrête pas de fouetter l'air pour chasser les mouches.

Fouetter, mouches... : aussi bien que l'universel hexagone des panneaux « stop », vaguement identifié, incline notre amie à marquer l'arrêt aux carrefours, les circonstances halieutiques – le lac, l'île, la barque – suscitent la formation, dans son beau regard défaillant, d'images assez proches de la réalité, finalement.

Pour aller à Clifden House, il faut tourner à gauche, près du calvaire à la sortie de Corofin, rouler vers l'ouest et le Burren, descendre dans une vallée que baigne le lac Inchinquin, franchir le pont sur la rivière Fergus, remonter à flanc de coteau et aboutir enfin à un large balcon de verdure, duquel le manoir et ses dépendances dominent le lac. Certainement plus apprêtée au XIXe siècle qu'à présent, la propriété aurait plu à Paul Bourget, et à l'époque il aurait pu calquer sur le parc de Clifden House cette description d'*Études anglaises*. « Une fois la grille franchie, c'est vraiment comme si la baguette d'une fée vous ouvrait un paradis de verdure au milieu du désert de pierres. Les immenses pelouses, piquées de pâquerettes blanches et de renoncules jaunes, développent le vert tapis de leur herbe épaisse. Des arbres d'une plénitude de sève incomparable, tilleuls parfumés, frênes délicats, hêtres noirs, poussent à distance les uns des autres dans ces larges pelouses. » Les tilleuls, les frênes, les hêtres sont toujours là, plus vieux d'un siècle, imposants, magnifiques, et c'est à mes yeux la plus grande richesse qui soit que de pouvoir toucher de sa fenêtre la couronne de ces montgolfières feuillues sous lesquelles l'ombre est bleu nuit. Il y a dans ce parc non pas du laisser-aller mais de l'abandon, comme on dirait de la pose alanguie d'une belle femme en chemise de jour étendue sur une méridienne qu'elle est abandonnée, c'est-à-dire empreinte d'une élégante indolence, avec peut-être sur les lèvres, qu'elle a mordues pour les empourprer, comme une pointe de bouderie captieuse qui vous promet plus que l'entracte d'une tasse de thé au milieu d'une conversation littéraire. Les voitures aux flancs maculés de boue – vieux Range-Rover, vieux break Volvo, vieille 2 CV commerciale – affichent un mépris certain pour le clinquant. Sous un hangar, une raboteuse, ou une dégauchisseuse, enfin bref une machine de menuisier. Des vélos contre le mur, une pelouse mélangée de chiendent, un grand bassin à sec, les vestiges d'une cabane plus loin sous les frondaisons : bien malin qui décèlerait ici un esprit châtelain. Je n'ai pas compté les fenêtres, et l'on se fiche de leur nombre ; ce qui est primordial, vous allez le voir, c'est qu'au rez-de-chaussée il y a un carreau cassé et un pan de mur décrépi.

Jim Robson nous accueille sur le perron. D'un champion de lutte bretonne il a la carrure et les cheveux noués en catogan ; d'un Daniel D. Lewis, l'œil et le sourire séducteurs et ironiques. Il parle un excellent français, dont il maîtrise aussi bien l'argot que bon nombre de tournures châtiées.

« Le carreau cassé et le crépi qui fout le camp vous ont intrigués, n'est-ce pas ? J'ai bien sûr les moyens et le temps d'arranger ça. Mais voyez-vous, c'est volontaire. Un test, en quelque sorte. Il y a des gens qui arrivent, se garent devant la maison, regardent ce carreau, font la gueule, et repartent aussi sec. Tant mieux. Bon vent ! Ça veut dire qu'ils s'arrêtent à des détails à la noix et qu'ils ne méritaient pas d'entrer. À Clifden House, nous avons le privilège de choisir nos clients.

– Par téléphone, je veux dire avec les gens qui réservent par téléphone, comment faites-vous ?

– C'est un peu plus délicat, effectivement. Je les fais parler. Vous savez, on se fait assez vite une idée de la psychologie des gens, au téléphone. Selon le ton de leur voix et les mots qu'ils emploient, nous avons une chambre pour eux ou bien nous sommes complets ! »

Je frémis. Si nous étions venus par hasard et non sur recommandation, aurions-nous été recalés ? Je ne crois pas. Jim Robson a des trésors d'indulgence envers les écrivains.

Nous voilà admis dans la demeure. Flotte dans le hall d'entrée, venant de l'office, l'odeur de métal chaud d'une cuisinière – une Aga, peut-être –, qui évoque les hivers de notre enfance, le pain grillé à même les rondelles, le far au four, l'eau chaude à goût ferreux qu'on tirait au robinet dessous le cendrier, la raideur des torchons mis à sécher sur la poignée chromée et, sous le tas de bûches, dans le cellier attenant, de minuscules bâtonnets – crottes de la souris qui se prendra au piège que votre père vous a appris à armer.

À l'étage, Jim Robson nous donne à choisir entre la chambre bleue et la chambre verte. Nous choisissons la bleue, à cause de sa baignoire sabot, et malgré qu'un essaim d'abeilles se soit installé sur le rebord d'une des fenêtres, ce qui interdit de l'ouvrir, mais agrémente l'endormissement d'un *Bzzz* de bande dessinée propice à un sommeil de nourrisson. La prochaine fois, nous prendrons la chambre verte, avec une pensée pour François Truffaut. Dans la chambre verte, les morts sont en attente de leur sort. Dans *La Chambre verte*, le film, Truffaut-Davenne et Nathalie Baye-Cécilia se livrent au culte des défunts. « Il arrive un moment dans la vie où l'on connaît plus de morts que de vivants », dit Truffaut. En sommes-nous là ? Ce soir, dispensons-nous des épreuves de comptabilité.

Lorsque Jim Robson a pris en main la destinée de la propriété, à la suite d'un partage familial, il me semble, celle-ci menaçait ruine. Il a forcé sa nature contemplative pour empoigner le marteau et le burin de l'entêtement et démouler l'âme du lieu de sa gangue d'oubli. Jouant les plombier, couvreur, menuisier, peintre, tapissier, voire les trimardeurs pour dénicher à droite et à gauche chez les brocanteurs des boutons de porte ou des crochets de rideaux anciens, il n'a laissé aucun détail au hasard. Ce féru de poésie, ce lettré est aussi habile à manier le concept que la truelle. Rien ne lui plaît tant que les tâches monumentales : quand il ne délaye pas le plâtre, il traduit *Les Fleurs du mal*. Concluons : l'homme est exceptionnel et sa demeure unique. Je vous souhaite de passer avec succès l'oral d'admission.

Je m'attarderai sur les dîners. Des trois que nous avons pris chez les Robson, je n'en ferai qu'un, pour la commodité du récit et éviter les répétitions. Et qu'il soit dit que malgré le décor et la qualité des convives, ces dîners n'ont rien en commun avec les dîners en ville bourgeois, ces réunions de snobs qui se frottent entre eux dans le seul but de récolter sur leurs habits, et leur vanité, les illusoires paillettes du rang social qu'ils s'attribuent l'un l'autre.

Ceux qui le désirent prennent d'abord l'apéritif au petit salon. On se sert soi-même. Compte tenu de la finesse de sa sélection, Jim Robson ne craint pas qu'un mal élevé se tape à lui seul la bouteille de Bushmills. Je recommande ce passage, même aux buveurs d'eau : il permet d'engager la conversation que l'on poursuivra au cours du dîner.

Dans la salle à manger, qui est exactement comme vous pouvez l'imaginer (vaste, décorée de portraits d'ancêtres, éclairée et chauffée par une cheminée gigantesque où brûlent des bûches en proportion de la taille des arbres alentour), nous serons, ces trois soirs-là, huit ou dix impétrants. Bernadette Robson compose et cuisine pour vous un dîner à trois plats, équilibré et succulent.

Jim ne se contente pas d'assurer le service. Il a auparavant composé le plan de table, en fonction des affinités qu'il sent ou ne sent pas entre les convives d'un soir. Pendant qu'on dîne, de l'office il écoute la musique des voix. Un léger brouhaha, et *a fortiori* des rires, prouvent qu'il n'a pas commis d'erreurs de voisinage, ni de vis-à-vis, et que les convives sont de bonne compagnie. À l'inverse, un silence de mort, à peine troublé par le bruit des couteaux et des four- chettes, indique non pas forcément que Jim Robson se soit trompé en déclarant admissibles des individus de peu de sociabilité ou de conversation mesquine, mais que des caractères forts, ou d'imprévisibles opi- nions politiques se sont opposés, et qu'après une ou deux répliques bien senties la tablée cherche dans le décor des assiettes des sujets de conversation plus légers.

« Quand la mayonnaise ne prend pas, Hervé, j'ajoute de l'huile ! »

Jim Robson vient s'asseoir en bout de table et détend l'atmosphère en contant des anecdotes ayant à voir avec l'absurdité et l'humour irlandais. Au cours de nos trois soirées, il lui suffira de venir fumer un cigare à la fin du repas. Rassemblons autour d'une même table les convives de ces trois dîners.

Da et Mam (c'est ainsi qu'ils se sont présentés) sont un couple de sexagénaires de Caroline du Nord.

« En fait, ce n'est pas très loin d'Atlanta, parce que voyez-vous la Caroline du Nord a une forme horizon- tale, dit Mam.

– Les étés doivent être très chauds, dis-je.

– Pas chez nous. Notre maison est située dans les Appalaches, à cinq cents mètres d'altitude. Ceci explique que nous ayons de très nombreux amis, à cause de la fraîcheur.

– Ils viennent sans prévenir, dit Da, et s'exclament ah quel bonheur de vivre ici ! Ils s'installent, dévastent le frigo et le congélateur, et vident toutes les bou- teilles.

– Si bien que nous avons décidé de fuir tous les étés et de fermer la maison à clé, dit Mam.

– Alors, vous venez de Bretagne ? dit Da. Nous avons fait de la marche en Bretagne.

– Nous sommes devenus de grands marcheurs, dit Mam. Nous marchons un peu partout dans le monde. Cette semaine, nous marchons dans le Burren.

– Nous avons marché en Dordogne, également, dit Da.

– La France est un si grand pays ! » dit Mam.

Cette réflexion m'étonne, qui contredit celle d'un autre Américain, un soir, dans un pub d'Oughterard : « Vous devez manquer terriblement d'espace, en Bretagne. C'est si petit sur la carte. »

« Nous avions l'intention d'aller jusqu'à Saint-Jacques-de-Compostelle, dit Da, mais nous nous sommes arrêtés à mi-chemin.

– Connaissez-vous Quiberon et Belle-Ile ? demande Mam. Notre fille et notre gendre ont acheté une maison pas loin de là, sur l'île de Ré.

– Ré n'est plus tout à fait une île depuis la construction du pont, dis-je.

– Ah oui, ce pont ! s'exclame Da. Ils avaient acheté cette maison sur un coup de cœur, juste à la fin de leurs vacances. Ils n'y sont plus allés pendant cinq ans, et ont eu la mauvaise surprise de découvrir ce pont et des embouteillages à n'en plus finir.

– Depuis ils n'y vont plus qu'à Noël », dit Mam.

Jim et Sue sont également américains, de Californie, plus jeunes et moins diserts. Ils font le tour du monde. Un pays chaque année. Ils apprécient Paris, les vins français et le climat irlandais, très exotique par rapport à celui de la Californie, où il n'y a qu'une saison, l'été.

Un couple de retraités irlandais. La dame porte une robe démodée, son mari est en veston et sa cravate épouse l'arrondi d'une bedaine endiguée par une chemise à moitié déboutonnée. Un jouisseur, bon buveur, gros mangeur, ancien représentant du whiskey Tullamore Dew et de la bière Carling. Moins fortunés que les Américains, plus sages aussi, ils font du tourisme en Irlande, quittent Dublin chaque week-end et passent une ou deux nuits dans un lieu agréable. Ah, ils ont été sur la Côte d'Azur, en voiture.

« Le plus extraordinaire, en France, me dit la dame, ce sont vos routes.

– À cause du bitume ?

– Oui, comment savez-vous ? »

Hé ! C'est qu'il y a des constantes dans la conversation irlandaise !

« Le bitume est tellement doux qu'on a l'impression de se trouver ailleurs que dans une voiture. L'autoroute du soleil a été pour nous une terrible épreuve. Les gens nous adressaient sans cesse des appels de phares, des coups de Klaxon. Nous avons fini par comprendre pourquoi : mon mari roulait trop lentement. »

Un tout jeune ménage de Mauriciens vit un peu dans sa bulle. Ils sont en voyage de noces, premiers couchés, derniers levés. Ils ont observé des oiseaux sur la côte, du côté de Lahinch, ce qui leur a valu ce dialogue avec un vieil Irlandais assis sur un mur, au bord de la grève, que rapporte le jeune marié.

« Je lui dis que ces oiseaux viennent d'Afrique du Sud et savez-vous ce qu'il me répond ? D'Afrique du Sud, vous êtes sûr ? Bah ! Si vous l'affirmez je ne vous contredirai pas ! Il faut bien admettre qu'il y a toutes sortes de touristes, maintenant, en Irlande ! »

Jim Robson a informé une Irlandaise qu'elle et moi travaillons dans la même corporation : les lettres. Elle enseigne la littérature à Trinity College. Elle m'entreprend d'emblée sur le sujet de l'écriture. Comme elle se trouve en face de moi, nous faisons un peu conversation à part. Son mari – j'allais l'oublier –, à première vue plus âgé qu'elle, demeurera muet, consacrant toute son attention à son assiette et à son verre, glacial comme un procureur à l'heure des plaidoiries, comblé de lui-même comme un notaire balzacien dont il a le gilet sous sa veste en tweed. En fait, la raison de ce mutisme est tout simplement qu'il ne mélange pas les genres : un temps pour manger, un temps pour converser. À la fin du repas, il demandera la permission de fumer un cigare, qui lui sera accordée, adressera à l'assemblée un sourire béat et des hochements de tête fort urbains.

La dame articule ses questions avec la lenteur et la précision d'un professeur en chaire. Cela repose des accents américains. Je me sens un peu potache et crois voir défiler en filigrane, sur son front, les chiffres variables d'une notation, cette seconde nature des enseignants, qu'à tort ou à raison je qualifie, à part moi, de syndrome obsessionnel du stylo rouge. Je dois avoir obtenu la moyenne. À son tour de se confier. Elle écrit une thèse sur Patrick Kavanagh.

« Vous connaissez ?

– Seulement de nom. Je n'ai rien lu de lui. »

En fait, j'ai plus *entendu* (une fois par semaine, environ, en hiver, au coin du feu) que lu un seul poème de Patrick Kavanagh, *Raglan Road,* que l'on trouve sur la plupart des compilations de chansons irlandaises. C'est le pressentiment, et non la parfaite compréhension de ce texte étrangement hermétique pour une chanson – impossible de remplacer par l'intuition ou la rime les mots couverts par l'accompagnement ou avalés par l'interprète –, qui m'avait incité à rechercher le nom de son auteur dans ces brochures disponibles dans les magasins un peu partout en Irlande. Le premier couplet en est :

On Raglan Road of an Autumn day I saw her first and knew,
That her dark hair would weave a snare that I might one day rue.
I saw the danger and I passed along the enchanted way
And I said let grief be a fallen leaf at the dawning of the day.

Et le dernier :

On a quiet street where old ghosts meet, I see her walking now
Away from me so hurriedly, my reason must allow
That I had loved not as I should a creature made of clay.
When the angel woos the clay he'll lose
His wings at the dawn of day.

« Patrick Kavanagh est mort en 1967, à l'âge de soixante-deux ans. Vous savez sans doute qu'il avait un gros problème avec l'alcool. Pour moi, c'est le poète le plus important de sa génération, et il n'a pas la reconnaissance qu'il mérite. Plusieurs choses lui ont nui : entre autres, sa mauvaise réputation de buveur, mais surtout le fait qu'il s'est attaqué au grand Yeats, ce que ne lui a pas pardonné l'establishment. La poésie de Kavanagh est inspirée par les petites gens et la misère. Il reprochait à Yeats de donner une vision idyllique de la vie dans les campagnes irlandaises. Pour l'instant, mon travail consiste à rencontrer des gens qui l'ont fréquenté. Hélas ! le plus souvent ils sont très vieux, et leur mémoire n'est plus très bonne. Ou bien alors ils vous racontent des choses sans intérêt, des beuveries dans les pubs, peu susceptibles d'enrichir une thèse. Heureusement il y en a quelques-uns de plus jeunes, plus utiles dans le cadre de mon travail. John McGahern, par exemple, qui puise également son inspiration dans la vie des gens de la campagne, et que j'ai rencontré l'hiver dernier.

– Dans sa maison près du lac ?

– Vous y êtes allé ?

– Plusieurs fois. Je pense avoir été l'un des tout premiers lecteurs de *Amongst Women*. Il venait de terminer le roman, il m'a donné une copie du manuscrit.

– Vous avez de la chance. J'aurais aimé être à votre place.

– La dernière fois qu'il m'a envoyé un mot, il me disait qu'il travaillait à un nouveau livre et que c'était aussi pénible que de se faire arracher toutes les dents d'un coup.

– Il y travaille toujours. J'ai essayé d'en savoir plus, mais il est resté très secret à propos de ce nouveau roman. »

Le personnage le plus amusant de ces trois dîners sera au début le plus discret. Il attendra qu'on s'intéresse à lui, ou que la conversation l'intéresse, mais une fois lancé obtiendra un beau succès. Petit, les épaules étroites, le cheveu rare, affublé de grosses lunettes en écaille, il évoquerait déjà Woody Allen s'il n'en avait en plus le même débit monocorde et geignard, ainsi que les zygomatiques affaissés du crucifié qui se dit tout à coup que cette histoire de résurrection promise n'est peut-être qu'un mauvais tour joué par un méchant papa. Je resterai indifférent à ce bruit de fond sans ponctuation, jusqu'à ce que les rires de mes voisins me fassent lever les deux oreilles, façon setter qui entend le faisan piéter sous les feuilles mortes d'un roncier.

Notre homme est australien. Il exerce à Sydney la profession de médecin radiologue. Je vais essayer de restituer ci-après dans son intégralité et dans sa forme originale ce morceau de bravoure récité sur le ton d'un type qui lirait l'annuaire du téléphone en vue de battre un quelconque record à inscrire dans le *Guinness Book*.

« S'il y a des truites en Australie ? à la dimension du continent, mon vieux, énormes, énormes, et en Tasmanie alors ? une truite de deux kilos vous la rejetez à l'eau, à partir de quatre kilos ça peut s'appeler un poisson, seulement en Tasmanie il ne suffit pas de savoir pêcher il faut aussi savoir monter à cheval, et avoir un cheval qui n'ait pas peur des épines, et des serpents bien sûr, six heures de cheval pour arriver sur les lieux de pêche dans le bush, et là le paradis, une cabane en rondins, barbecue et tout et des poissons énormes, énormes, notez qu'il y a encore mieux, c'est la Nouvelle-Zélande là-bas, il y a plus de poissons que d'eau, et imaginez qu'en Nouvelle-Zélande on parte tous les deux pêcher en barque comme hier soir ici sur l'étang d'à côté, eh bien on serait en danger de mort, à cause du poisson qui ferait couler la barque, je dois dire que la plus grande erreur de ma vie a été d'apprendre à ma femme à pêcher à la mouche, depuis ma vie est un enfer, quand on va dans le bush impossible d'aller au lit, on n'est plus mari et femme, ça va mal finir je le crains, encore un dernier lancer qu'elle dit, tu parles y a jamais de dernier lancer, et moi je dors debout, et puis vous pensez bien qu'elle est devenue meilleure que moi, un soir elle casse et comme il ne faisait plus assez clair pour accrocher une autre mouche elle me dit tu peux me prêter ta canne mon chéri, fouette comme une folle, pose MA mouche, cette mouche qui n'avait intéressé aucune truite de toute la soirée, et voilà qu'une espèce de Moby Dick jaillit de l'eau et se fait prendre par ma femme, regardez c'est elle là sur la photo avec la truite en question, jolie n'est-ce pas ? la truite pas ma femme, ce n'est plus une femme c'est une canne à pêche ou je ne sais quoi, à la maison tout tourne autour de la pêche, les week-ends, les vacances, tout, et le ménage la vaisselle le linge et tout le reste n'ont plus aucune importance, autrement dit à moi toutes les corvées pendant que ma femme fabrique des mouches, un jour elle viendra se coucher avec des mouches dans les cheveux, écoutez-moi bien n'apprenez jamais à votre femme à pêcher vous ne connaîtriez plus le bonheur sur terre, comment j'ai réussi à venir seul en Irlande ? j'ai attendu qu'elle ait épuisé ses congés et je lui ai dit chérie j'ai un congrès à Londres et j'en profiterai pour faire un saut à Lyon voir nos amis français, quels amis français ? les parents de Guillaume, qui est Guillaume ? le Grand Ennui personnifié, l'étudiant français que vous accueillez gratuitement pendant un mois, vous savez pour contribuer à répandre un peu plus la langue anglaise de par le monde, il y a des organismes qui vous le demandent alors vous acceptez en vous disant un étudiant français ce sera chouette, et ma femme et moi aimons la France bien que nous ne parlions pas français sauf trois ou quatre mots bonjour bonsoir combien je vous dois ? alors voilà Guillaume qui débarque, enfin voilà que nous l'attendons à l'aéro-port de Sydney et que personne ne débarque de l'avion, soudain un message retentit dans les haut-parleurs, on nous demande au guichet de la compagnie, et devinez quoi ? le Guillaume atterrissait dix heures plus tard à Melbourne parce que ses parents avaient trouvé que le vol Paris-Melbourne était plus avantageux que le vol Paris-Sydney, alors qu'avaient-ils fait ? ils avaient regardé la carte et décidé que Melbourne n'était pas bien loin de Sydney, le seul problème c'est qu'ils avaient oublié l'échelle, s'ils s'en étaient inquiétés ils auraient bien vu que Sydney-Melbourne c'est mille deux cents kilomètres aller-retour, enfin que ne ferait-on pas pour l'amitié franco-australienne ? en route pour Melbourne, hall de l'aéroport, l'avion qui arrive, les gens qui débarquent, et pas de Guillaume, en tout cas pas de garçon qui corresponde à la description qu'on nous en avait faite, un garçon en T-shirt noir et deux valises, une fois tous les passagers partis il ne nous restait plus qu'un garçon en T-shirt blanc et avec un sac à dos, ma fille s'est avancée vers lui et lui a dit Guillaume ? il a souri, c'était lui, avec dans la poche son instrument de torture, je veux parler de son dictionnaire, j'ignore l'état de l'enseignement des langues en France et ne me permettrais pas de critiquer un pays dont j'admire les vins et les fromages, mais je m'étonne qu'un jeune homme de seize ans puisse ânonner l'anglais moins bien qu'un bébé australien, les repas sont devenus une épreuve, on avait l'impression d'être nous-mêmes retombés dans notre petite enfance, au stade où l'on est incapable d'utiliser un sujet un verbe et un complément, on disait un mot : dictionnaire, un mot : dictionnaire, et encore dans ce sens-là on avait le plaisir de prononcer un mot, tandis que lorsque Guillaume s'avisait de chercher une réponse, ah il cherchait longuement ses mots dans le dictionnaire, pendant ce temps nous étions tous ma femme ma fille et moi suspendus à ses lèvres, impossible de prévoir un barbecue, le feu se serait éteint ou la viande aurait été calcinée entre deux mots, alors nous nous sommes dit nos conversations sont peut-être trop difficiles j'ai dit à ma femme pourquoi lui poses-tu des questions sur la philosophie

l'économie ou la politique ? parlons-lui de choses qui
intéressent les garçons de son âge, d'alcool de drogue
et de sexe, eh bien pas mieux, pire parce que dans son
dictionnaire il n'y avait pas les gros mots et il les cherchait quand même, alors on est devenus sobres, pourquoi sobres ? très simple, les Australiens à jeun n'ont
aucune conversation et quand ils ont bu ils ne disent
que des stupidités ainsi que vous pouvez vous en
rendre compte ce soir, voilà pourquoi nous avons
décidé de nous priver d'apéritif et de ne boire que de
l'eau à table afin de n'avoir aucune conversation, de
dîner le nez dans notre assiette en évitant de croiser le
regard de Guillaume de peur qu'il ne nous adresse un
mot trouvé dans le dictionnaire, et qui nous forcerait
à répondre, n'empêche que si je voulais que mon alibi
de ce prétendu congrès à Londres tienne le coup, fallait bien que j'aille voir les parents de Guillaume avant
de venir ici en Irlande, on ne sait jamais, au moment
des cartes de vœux ma femme aurait pu les remercier
de m'avoir accueilli si gentiment, à vrai dire ils m'ont
invité à dîner, une famille nombreuse vous allez voir
pourquoi je précise ça, à la fin du dîner ils me demand-
dent à quel hôtel je suis descendu parce que désolés
nous n'avons pas de chambre pour vous, ah ils ont
tout de même passé un coup de fil pour me trouver un
hôtel, et comme je suis un garçon bien élevé je leur ai
dit eh bien si un jour vous passez du côté de Sydney
venez donc dîner à la maison, ah vous allez être
content qu'ils me disent, nous y allons justement,
quand ? l'année prochaine ? dans quinze jours ! ah formidable, je dis, et tous les deux ? non on y va tous,
qu'ils me répondent, j'ouvre des yeux grands comme
ça et je compte dix personnes parents enfants beaux-
parents et Guillaume compris, j'avale ma salive et dis
ah je ne sais pas si je pourrais aller vous chercher à
l'aéroport, aucune importance on prendra un taxi,
Guillaume connaît la route, merveilleux l'amitié entre
les peuples non ? si j'ai un chien ? oui oui un joli chien
en principe conçu par le Créateur pour la chasse au

canard mais en réalité complètement perverti par la civilisation capitaliste, il ne vit pas chez nous mais devant la porte des fast-foods à attendre qu'ils sortent les poubelles, bon enfin malgré tout j'ai fini par téléphoner à ma femme que j'étais à la pêche en Irlande parce que le congrès avait été raccourci, et maintenant qu'est-ce que je vais bien pouvoir lui raconter ? elle va se payer ma tête si je lui dis que je n'ai pas pris un seul poisson, bon alors voilà ce que je lui dirai il y a en Irlande deux problèmes, l'un avec les brochets l'autre avec les truites, quels problèmes ? d'une part la pêche au brochet est une course impossible après les camions-citernes qui les transfèrent de lac en lac et vous ne savez jamais dans lequel ils viennent d'être déversés, d'autre part il n'y a en Irlande qu'une seule truite et elle est elle-même transportée de lac en lac pour faire croire aux touristes qu'il y en a partout. »

Avant que nous quittions Clifden House l'Australien me prendra par la manche.

« Venez voir le souvenir que j'ai acheté à Londres pour mon frère. »

Du coffre de sa voiture il tire une lunette de WC très originale, d'un joli vert Nil, agrémentée d'un décor « plage », avec coquilles Saint-Jacques, berniques, bernard-l'ermite et araignées de mer.

« Ça va lui plaire. Un cadeau utile, à cause des araignées. Ça incitera tout le monde chez lui à la plus grande prudence.

– Prudence ? Pourquoi donc ?

– En Australie, avant de vous déculotter, la première chose à faire est d'inspecter le dessous de la lunette. L'endroit est particulièrement apprécié d'une araignée venimeuse de la pire espèce. Elles vous piquent le cul.

– Mortel ?

– Non, heureusement ! Mais la piqûre est très douloureuse et vous donne une fièvre de cheval pendant plusieurs jours. »

Il considère avec émotion sa lunette à décor balnéaire.

« Jamais j'aurais cru trouver un truc comme ça à Londres ! Imaginez le derrière de la reine là-dessus ! »

Au bord du canal de Cong pêchait un vieil homme à l'allure misérable et au comportement bizarre. Vêtu d'un pantalon et d'une veste râpés, coiffé d'un chapeau informe, il avait le visage piqueté d'une barbe poivre et sel, inégale, mitée sur les joues et la mandibule à l'endroit de vieilles cicatrices. Même en l'absence de vent, ses yeux larmoyaient. Sa paupière gauche était affaissée et recouvrait l'œil à moitié, si bien qu'il avait en permanence l'air d'épier son entourage ou, vous regardant bien en face, de chercher à lire l'avenir sur vos traits, ou à percer vos pensées les plus secrètes. C'était un solitaire. Personne ne lui parlait et il ne parlait à personne. Il apparaissait et disparaissait comme un fantôme, furtif, et, puis-je écrire aujourd'hui, craintif. Compte tenu de ce que j'appris plus tard, il dut être surpris que je lui adressai la parole, mais, constatant que j'étais un étranger, baissa sa garde et en vint à apprécier ma compagnie autant que j'appréciai la sienne.

Notre première conversation, un soir, porta sur ce gros poisson que j'avais essayé de tromper pendant toute une journée, l'année précédente – cette truite qui ne gobait que des moucherons.

« Je connais cette truite, me dit-il, elle est encore plus grosse que vous ne le pensez. Peut-être douze livres, peut-être quinze. Elle vient tous les ans depuis une dizaine d'années. Aux beaux jours elle descend du lac, passe l'été ici et remonte dans le lac en septembre ou octobre.

– Vous ne l'avez jamais piquée ?

– Une fois. Elle m'a cassé. Elle doit avoir la gueule décorée de toutes sortes de mouches !

– Je ne l'ai pas vue cette année.

– Pas assez d'eau.

– Le niveau est encore élevé, pourtant.

– Ou bien alors elle a été tuée par un pêcheur au ver. En début de saison, il y a pas mal de gars qui pêchent au ver le long du mur, avec succès. »

Il dit en réalité quelque chose de plus imagé que pêcher au ver : *they roll a worm*, littéralement « ils roulent un ver », expression qui décrit à merveille le ver qui se tortille et roule sur le fond, au gré du courant.

« Ce serait dommage, regrette-t-il, et j'espère que ce n'est pas le cas. Cette truite mérite d'être prise à la mouche. »

Nous nous retrouvons presque tous les soirs, échangeons quelques mots sur les truites en activité et pêchons ensuite séparément, l'un en face de l'autre, à la pointe. S'appuyant sur un bâton, il traverse le courant, ce que j'hésite à faire, car le « chemin », cette ligne de pierres plates plus claires, est à peine visible. À plusieurs reprises, j'essaie de le dissuader de traverser.

« Il y a de la place pour deux.

– Je ne voudrais pas vous gêner.

– Vous ne me gênez pas du tout.

– C'est mieux comme ça. Vous n'êtes que de passage, moi j'ai toute l'année pour prendre des truites. Il faut que vous ayez le meilleur poste. Vous savez, l'autre côté n'est pas mauvais non plus.

– Traverser est dangereux.

– Je connais les pierres. Mon père a aidé à les poser, dans le temps. »

Un soir, alors que nous bavardons en attendant les premiers gobages, arrive à la pointe un gros type suant et soufflant, équipé d'une ridicule lampe frontale de mineur. Il adresse des mots vifs au vieil homme. Sans répondre, celui-ci traverse.

Bien que je ne sois pas du genre Tartarin, il me faut

dire que je suis à peu près le seul à prendre des truites, grâce à des sedges Richard Walker achetés en Angleterre. Ils sont si alléchants qu'au retour j'en commanderai deux douzaines, en pure perte car ils tomberont en disgrâce l'année suivante, au profit des sedges noirs, pour revenir à la mode en 1999. En face, le grand-père ferre dans le vide. Une nuit, vers le milieu du séjour, il demande à voir ma mouche. Je l'éclaire d'un coup de lampe. Elle est très peu différente des siennes.

« Il vous en reste beaucoup ?

– J'en avais six, mais j'en ai perdu. »

Nous regardons dans ma boîte. Il m'en reste deux, soit trois en tout avec celle qui est accrochée à mon bas de ligne.

« Le dernier jour, s'il vous en reste une, vous me la donnerez ? J'essaierai de fabriquer les mêmes.

– D'accord. »

Des Healy, un copain de Peter O'Leary, demande à m'accompagner. Il veut s'initier à la mouche sèche. Ce soir-là, vers neuf heures, surgit dans notre dos, toujours comme un revenant, le vieil homme. Il se contente de me saluer et entre dans l'eau pour traverser.

« Vous connaissez ce type ? s'étonne Des.

– Je le vois tous les soirs. Il est très sympathique.

– Sympathique ? Savez-vous qui il est, Hervé ? Ce type est un tinker de la pire espèce ! Et encore, lui, il est vieux, à présent. Mais il a une demi-douzaine de fils, tous aussi buveurs, braconniers et voleurs les uns que les autres. Une vraie bande de gangsters. Quand ils sortent de prison c'est pour y rentrer le lendemain. Moi, quand je vois ces gens-là, je passe le plus loin possible. »

Un tinker, voilà donc l'explication à ses attitudes de goupil qui rase les talus, bondit de buisson en buisson et se tient à couvert. Voilà pourquoi il m'accorde sa sympathie : dépourvu de la moindre prévention à son égard (comment aurais-je pu en avoir ?), je l'ai traité en être humain et non pas comme un chien errant qui depuis son enfance a l'habitude d'être chassé des pubs, chassé des magasins, chassé du bord des routes, chassé des parkings, chassé de partout.

Le dernier soir, le vieux tinker est déjà à son poste, en face de la pointe. Je lui adresse un salut, il me répond. Le vent est au nord, le poisson ne bouge guère. Vers onze heures, je fais signe au tinker que je vais m'en aller. Il traverse.

« Je vous avais promis une mouche, la voici. »

D'un coup de dent, je coupe le fil. Dos au vent, le tinker range le sedge dans sa boîte. Il m'offre une cigarette, me donne du feu, allume la sienne.

« Alors, vous partez demain ?

– Oui. Les vacances sont finies.

– Cet hiver, je ferai des mouches comme celle-là.

– Vous me les montrerez l'an prochain.

– Certainement.

– Bye-bye !

– Bye-bye ! »

Nous nous serrons longuement la main.

Je n'ai plus jamais revu le vieux tinker au bord du Cong Canal.

Partie de pêche avec Peter O'Leary, sur le Mask.

« Hervé, j'ai pensé à vous hier. Après dîner, je téléphone à un copain gillie, qui tient un lodge de pêche, pour lui demander de venir au coup du soir, et il me répond non, je suis crevé, cette journée m'a tué... Et ce qu'il a ajouté va vous plaire. Je ne sais pas comment vous allez le traduire en français, mais voici ce qu'il m'a dit : "*I am just recovering from six Germans.*" »

Traduction ? Je récupère à peine après m'être tapé six Allemands.

« Ils n'ont pas arrêté de lui demander toutes les cinq minutes : "*Allan, do you think we shall take a pike today ?*" » (Peter O'Leary imite l'accent allemand à la perfection) " Allan pensez-fous que nous prendrons un brochet auchourdou-i ?" Je crois que je vous l'ai déjà dit, Hervé, les pêcheurs allemands sont très pénibles. Ils sont incapables de comprendre que ce n'est pas le gillie qui décide, mais le poisson. S'ils n'en prennent pas, ils accusent le gillie de sabotage et menacent d'écrire à l'office du tourisme. C'est usant ! »

Au printemps 1996, je demande à Mrs. O'Leary s'il y a toujours du brochet dans la baie.

« Du brochet ? En octobre et novembre, il y a des gens qui se sont amusés à en pêcher. Ils en ont pris des tas, et des gros ! Vous n'allez pas me croire, Hervé. De la maison on entendait les moulinets crisser toute la journée ! Yiiiihhh ! Yiiiihhh ! Un véritable orchestre de violons ! »

Juillet 1996. Peter O'Leary nous annonce qu'il a

battu le record d'Irlande de pêche du brochet à la mouche. En face de la maison, dans la baie, il a pris un poisson de vingt-huit livres, confié aux bons soins de Gerry Lundi, pour être plus tard exposé dans un pub de Galway. Peter fabrique lui-même ses leurres : un hameçon n° 0 ou double zéro, à longue hampe (il a du mal à s'en procurer en Irlande, je lui en achèterai en France et les lui expédierai), et autour des "Christmas decorations", autrement dit ces fils d'or et d'argent dont on décore les arbres de Noël. Un matin, il nous invite, Claude et moi, à tenter le coup.

Comme le vent souffle du nord-ouest, nous filons directement jusqu'à la sortie de la baie pour nous laisser dériver ensuite vers la maison, sur les hauts-fonds où à peine vingt centimètres d'eau recouvrent les herbiers sous lesquels croisent les brochets. Tandis que nous accrochons chacun une décoration de Noël à notre bas de ligne en fil métallique tressé, Peter regarde la maison et sourit.

« Maman m'a dit que vous étiez content qu'elle ait renoncé à vendre la maison. Nous aussi ! Je ne sais pas ce qui lui est passé par la tête. Elle était fatiguée. Mais elle a pris peur quand un Allemand s'est présenté pour acheter.

– Dieu bénisse cet Allemand ! »

Nous rions. Regardons la maison.

« Impossible, vraiment impossible de vendre une telle maison ! » dit Peter.

Pendant ce temps nous avons dérivé. Peter sort de la soie et commence à pêcher. Quant à nous, nous devons très vite renoncer. Nos cannes ne sont pas assez puissantes, nos soies ne sont pas assez lourdes. Nous avons beau manier la fibre de carbone comme un fléau à blé, nos streamers nous reviennent dans les pieds. Debout dans la barque, Peter expédie le sien à une vingtaine de mètres et le ramène par à-coups secs, juste à fleur des herbiers.

Soudain, il ferre. Un bouillonnement. La canne ploie, la ligne tendue s'immobilise.

« Un beau poisson, je crois. »

Le brochet démarre, prend toute la soie, plus une cinquantaine de mètres de fil. Se cale. Peter donne sa canne à Claude.

« À vous de vous amuser, Claude. »

Claude travaille le poisson, réussit à reprendre le fil, puis la plus grande partie de la soie. À cinq mètres du bateau, le brochet roule d'un flanc sur l'autre, approche, approche... Peter empoigne l'épuisette.

« Au moins vingt livres, Hervé ! »

Peter plonge l'épuisette dans l'eau. Ayant vu le diable, le brochet repart à toute allure, en ondulant comme un congre.

Les yeux écarquillés, j'observe la soie, sur le fond de la barque. Ne va-t-elle pas... faire un nœud ? ! Je me précipite. Trop tard ! Une boucle se forme, se prend dans un anneau. La ligne casse.

Les mains tremblantes, le cœur battant, Claude dit :

« Je n'ai pourtant pas fait d'erreur.

– Problème de la soie, dit Peter. Ça arrive une fois sur deux. »

Nous tentons de prendre une truite, et bavardons tout en fouettant. Peter, qui pour rien au monde ne quitterait son lac, espère que sa fiancée, gendarmette à Dublin, obtiendra sa mutation dans le Mayo.

« Vous avez entendu parler de cette journaliste qui a été assassinée à Dublin, Hervé ? Elle menait une enquête sur les barons de la drogue, elle était arrivée trop près du sommet. Dans les rues de Dublin, vous risquez la mort. Des types vous mettent une seringue sous le nez en disant qu'ils ont le sida, et vous soulagent de votre portefeuille. Ils se battent entre eux, à mort. On vend de la drogue partout. La dernière fois que j'y étais, des gosses de dix ans me couraient après O'Connell Street en me demandant "*Do ye want E ? Do ye want E ?*" J'ai mis du temps à comprendre ce qu'ils me voulaient. Tu veux "I" ? Qu'est-ce que c'était, "I" ? Ectasy, Hervé. Des gamins de dix ans qui vendent de l'ectasy ! Le monde est devenu dingue.

– À Ballinrobe ça ne risque pas d'arriver.

– Détrompez-vous, il y a de la drogue partout. Même à Ballinrobe les dealers essayent d'en vendre à la sortie des collèges. »

Le Western Fishery Board a déposé chez Mrs. O'Leary un tronc fermé à clé dans la fente duquel vous devez glisser chaque jour une carte mentionnant vos nom et adresse, et les prises ou les bredouilles du jour, avec vos observations (direction du vent, température, nature des éclosions, mouches utilisées, etc.).

Comme ce séjour est particulièrement faste, je me plie volontiers, et avec fierté, à cette règle. Un matin, après avoir découvert dans le réfrigérateur les truites prises au coup du soir, Mrs. O'Leary me demande :

« Vous remplissez les cartes depuis le début, Hervé ?

– Certainement, Josephine.

– Où les mettez-vous ?

– Dans la boîte, Josephine.

– Dans la boîte ? Mais il ne fallait pas ! Nous avons perdu la clé ! »

Pêches miraculeuses perdues pour l'éternité, avec la clé ? Non pas. La clé a été sûrement retrouvée puisque aussi bien, en septembre, j'ai l'honneur de figurer dans le mensuel *Trout and Salmon*, à la rubrique *fishing reports* qu'alimente pour le Mayo Peter O'Reilly qui recueille les informations à partir des cartes, justement.

Mais j'entre par la petite porte dans la postérité halieutique. Si le nombre total de poissons est exact, le poids du plus gros ne s'élève qu'à une livre, au lieu de sept, ce dont on peut déduire que toutes les autres truites étaient d'un poids inférieur à une livre. Des truitelles, autrement dit. Minable.

Un esprit jaloux aurait-il voulu me déprécier ? Ravaler ma dignité ? Me mettre plus bas qu'herbier ?

Non. J'ai tout bonnement mal écrit le sept. Ne l'ayant pas barré, j'ai calligraphié quelque chose qui ressemblait plus à un 1 qu'à un 7. Une question de longueur de la visière, et d'inclinaison du jambage, probablement. Ou encore, bien plus cruel pour ma vanité, incrédulité du collecteur de cartes qui s'est refusé à me créditer d'une truite de sept livres.

Je me souviens, à propos de la malignité du sept, de la petite mésaventure d'un copain pêcheur. En escale à Anchorage sur la route de l'Alaska, il se dit : « Autant tirer un peu argent ici, au guichet de change, je gagnerai du temps. » Ne parlant pas un mot d'anglais, il écrivit la somme qu'il désirait obtenir au moyen de sa carte de crédit : cent dollars. Le un fut pris pour un sept, aussi se vit-il remettre sept cents dollars, dont il n'eut que faire parmi les ours, au camp de pêche.

Ce dimanche, vers onze heures, l'affreux ciel bleu s'est mis à pleunicher et à pousser de longs soupirs de suroît : un temps chagrin, séduisant temps à grains, favorable à une après-midi de dapping, cette pêche lascive, sur le Carra. Hier soir, nous aurions dû y aller au coup du soir. Le samedi matin, l'air était chaud et calme, idéal pour tenter sa chance, de nuit, à la mouche sèche autour des Twin Islands. Peter O'Leary nous avait dit de nous tenir prêts. Il passerait nous prendre vers vingt heures. Mais le soir soufflait un vent de nord-est qui vous tailladait le visage à la guilloche cryogène, un vent sabreur d'insectes par lequel aucune truite sensée ne met le nez dehors et aucun pêcheur policé n'ose déranger leurs veillées, autour du poêle, au fond des cavités cérébrales, probablement isothermes, de ces choux-fleurs de calcaire qui parsèment le fond du Carra.

Or donc, ce dimanche, malgré le retour de l'été pendant la nuit, échaudés par le blizzard de la veille au soir, nous avons donné au temps le temps de changer encore, si bien qu'il était treize heures passées lorsque nous avons pris la route de Ballyglass et le chemin de Brownstown dans l'intention de demander à Joe Malloy la clé du cadenas du *Green Heart*, son meilleur bateau. Dans le coffre de la voiture nous avions le moteur Yamaha loué à Willie. Joe Malloy possède d'excellents moteurs, mais lui en louer un pour une quinzaine comporte deux inconvénients majeurs : d'une part, comme il ne jure que par son propre mélange, qu'il nous fournit, et nous interdit de brûler celui du commerce, cela nous oblige à revenir sans cesse faire le plein chez lui si nous ne voulons pas tomber en panne sèche sur le Mask ; d'autre part, cela multiplie les risques de voir notre ami transformé en torche humaine, ce qui nous plongerait dans une profonde affliction. En effet, c'est clope au bec que Joe Malloy s'en va sous le hangar siphonner son mélange *home made*, d'un baril dans notre nourrice. Il plisse les yeux, décolle sa cigarette allumée de ses lèvres, la tient entre le pouce et l'index – nous nous éloignons de plusieurs pas –, arrondit la bouche autour du tuyau, aspire, laisse couler, recrache son bain de bouche et ravive d'une goulée le bout incandescent de sa Silk Cut.

Nos relations avec Joe Malloy sont très protocolaires. Je veux dire par là qu'elles obéissent à des règles immuables, au nombre de deux : avant la pêche il nous gratifie de précieux conseils, après la pêche nous lui faisons un compte rendu circonstancié. Autrement dit briefing et débriefing, dans le vocabulaire de chef d'escadrille des films de guerre, aujourd'hui volapük en usage dans l'entreprise moderne sur le champ de bataille des marchés à conquérir. Nous nous mettons au garde-à-vous et posons notre question introductive, qui est impérativement celle-ci : « Alors, Joe, les conditions sont bonnes aujourd'hui ? » Selon le temps, cette question appelle deux réponses, deux degrés sur l'échelle de l'optimisme. Premier degré, un prudent : « *It may be good*, il se peut que ce soit bon. » Second degré, presque affirmatif, malgré le conditionnel : « *It SHOULD be good*, ça devrait être bon. » Si toutefois vous êtes à la hauteur, les gars. Les truites sont prêtes à se glisser dans votre lit – pardon, dans votre panier –, à vous de savoir les y amener. Joe Malloy vérifie notre matériel, nous prie d'étaler nos mouches sur le pré, fait le tri, sélectionne, et quand il sanctionne sa revue de paquetages d'un : « *Try a daddy* ! », nous rectifions la position et frissonnons de plaisir, comme des grognards à qui l'empereur vient de promettre la victoire, car nous ne doutons pas une seconde que les truites monteront sur les daddies-long-legs. Mais pour peu qu'il estime que nos imitations de daddies sont juste bonnes à passer en commission de réforme, il nous ordonne : «Allez préparer vos lignes et le bateau, je vous rejoins au bord du lac. » Il arrive cinq minutes plus tard au volant de son tracteur, piétine les herbes sèches sur la berge, nous apprend à attraper des *natural* daddies et au passage remplit une boîte d'allumettes de sauterelles, également excellentes en dapping, à accrocher comme ça, voyez-vous, « *One or two grasshopers, it should be good.* »

Joe Malloy me rappelle mes oncles paysans. Même visage raviné par le soleil, même cercle blanc laissé autour de la tête par le chapeau ou la casquette, même écaille épaisse de la peau sur les doigts noueux et raides de mains grippées, incapables de se refermer vraiment, sinon sur le volant du tracteur, ou mieux, sur les manches d'outils et de cannes à pêche qui les ont conformées, même phrasé lent, mêmes doutes quant au temps qu'il fera, autrement dit même méfiance à l'égard de toutes les apparences, même certitude que quoi que nous fassions la décision ultime appartient à une Instance Supérieure qui a tout pouvoir sur les nuages, les mouches et les truites, un Très-Haut parfaitement imprévisible parce que n'aimant rien tant que la fantaisie.

Pas plus que nos autres relations du County Mayo, Joe Malloy ne se réfère à nos visites des années précédentes, ni ne s'enquiert de notre éventuel retour à la saison prochaine. Nos rencontres se situent dans un présent indéfini qui n'a pas de point de départ et n'aura pas de ligne d'arrivée. Même pas la mort de l'un d'entre nous : le présent sera suspendu, voilà tout. Éternelle affaire du temps irlandais. À l'instar des avions furtifs qui échappent aux radars, l'Irlande glisse comme une poignée d'eau entre les doigts crochus de la chronologie. Notre conversation est une et indivisible, une ligne née du néant et en route vers l'infini, qui se joue de la datation. En promenant le long de cette ligne la loupe d'une mémoire désinvolte, on peut simplement apercevoir les points qui la composent. Glissons la plume sous la loupe et grattouillons quelques-uns de ces points.

La mouche Raymond :

« Vous connaissez une mouche qui s'appelle Raymond ? me demande Joe Malloy.

– Comment l'épelez-vous ?

– R-a-y-m-o-n-d.

– Ah ? Il y a un prénom français qui s'écrit comme ça.

– C'est une mouche française, à ce qu'il paraît. Et vous ne la connaissez pas ?

– Jamais entendu parler de cette mouche.

– Dommage. J'espérais que vous en auriez une à me donner.

– Pourquoi ?

– Hier, un gars d'Irlande du Nord a pris une grosse truite avec cette Raymond. Huit livres et demie ! Vous entendez ? Huit livres et demie ! Le record du lac, à mon avis. Enfin ! le temps était plus favorable hier. »

La Green Peter, la bien-aimée de Joe Malloy :

« Pris du poisson ?

– À la mouche noyée, aucun. En dapping, ma femme a pris de nombreuses petites. Certaines faisaient la taille, mais nous les avons toutes remises à l'eau.

– Avec quelle mouche ?

– Green Peter.

– Vers quelle heure ?

– Entre midi et quatorze heures.

– Ah ! J'ai pensé à vous en déjeunant. Il s'est mis à faire plus chaud et le vent est passé de l'ouest au sud-ouest. Un temps à pêcher à la Green Peter. J'espère qu'ils vont en avoir l'idée, je me suis dit. »

Il est parfois question de brochets :

« Il se peut que ça ne soit pas très bon, aujourd'hui. Trop calme. À moins qu'à la mouche sèche, avec un sedge... Hier mon fils a vu des gros murroughs.

– Nous comptions nous amuser au brochet.

– Je dois dire que ce n'est pas une mauvaise idée. Il m'arrive de temps en temps d'emmener des Hollandais pêcher le brochet. La truite ne les intéresse pas. Vous savez où se trouvent les brochets ?

– Non.

– Dans les eaux noires. (En disant cela sa voix s'est assombrie.) Les eaux vertes pour la truite, les eaux noires pour le brochet. En sortant de Brownstown dépassez Bush Island et dirigez-vous vers Moorehall. Il y a trois îles dans la baie. Une au milieu, Castle Island, et deux le long de la berge, côté est, Pleasure Island et Castle Hag Island.

– Castle Hag ? Le même nom que l'île du Mask en face de Cushlough Bay ?

– Oui, probablement pour la même raison. »

La légende, sur laquelle j'ai brodé dans *Chroniques irlandaises,* veut qu'un mari, lassé de sa bonne femme, une vieille taupe (*hag*), s'en soit débarrassé en l'abandonnant sur l'île où il avait fait bâtir une maison dans cette intention.

« Traînez une cuiller autour de cette île, c'est là que sont les gros brochets. »

Je regarde ma carte : les terres, en face de Castle Hag, s'appellent Annie's Shore, la berge d'Annie. Le prénom de la mégère bannie ? Impossible. Les Annie sont douces comme les eaux douces du Carra. Sauf quand les truites viennent leur titiller la Green Peter sans mordre vraiment. « Bande de salopes ! » jure ma chère épouse, mais c'est si amoureusement dit que le bannissement dans l'île lui sera épargné.

Retour de la pêche au brochet :

« Vous en avez pris ?

– Que des petits.

– Ah ? Il y en a pourtant de très gros. »

Aucun sous-entendu déplaisant là-dessous. D'ailleurs, de peur que nous le suspections de mettre en doute notre habileté, Joe Malloy ajoute :

« Juillet n'est pas le meilleur mois. Les brochets restent collés au fond, à se gaver des jeunes perches de l'année. »

Nous parlons aussi de chasse :

« Des bécassines ? Il y en a quelques-unes. Mais je chasse surtout la bécasse.

– Autour du lac ?

– Et sur les îles.

– Les Twin Islands ?

– Certainement. »

L'imagination s'emballe : partir en barque avec les chiens, dans l'air glacé, sous un ciel bas chargé de grésil, échouer la barque sur une île, lancer les setters dans la jungle de ces frênes, bouleaux et chênes nanifiés, tirer les belles mordorées entre les Twin Islands, un rêve !

« Dites-moi, Joe, les bécasses doivent souvent tomber à l'eau. Il faut un bon retriever.

– Vous pouvez faire confiance à ce gars-là. »

Ce gars-là, c'est son springer spaniel aux belles ondulations de bellâtre d'opérette, qu'il n'est pas.

Mrs. O'Leary a beaucoup d'affection pour Joe Malloy.

« Il nous arrive de faire appel à lui quand des touristes veulent un très bon gillie. Il est aimable avec les clients, toujours d'humeur égale, leur donne plein de conseils et surtout ne compte pas son temps. Si le poisson commence à bouger à six heures, il ne dira pas comme la plupart des gillies désolé messieurs, c'est l'heure, mon boulot est terminé, mais au contraire restera jusqu'à sept ou huit heures, le temps qu'il faudra pour que ses clients prennent un poisson. En plus, il est très bavard, et ce qui est extraordinaire c'est qu'il a un avis sur tous les sujets. Si son client est pilote d'avion, il lui parlera d'avions comme s'il savait piloter lui-même. Si c'est un golfeur, il se montrera intarissable sur le golf alors qu'il n'a jamais touché un club de sa vie. Joe Malloy est un personnage ! C'est le roi de la conversation ! »

J'agrée. Toutefois, je me rappelle un Joe Malloy muet, dans une saynète agricole. J'étais en sa compagnie sous le hangar lorsque firent irruption dans sa cour deux types en blouse blanche venus peser le lait. La cuve réfrigérée se trouvait à proximité des moteurs hors-bord. Tout en continuant de siphonner un réservoir pour remplir ma nourrice, Joe Malloy haussait les épaules à chaque réplique piquante d'un monologue intérieur, et adressait aux blouses blanches de terribles regards noirs, aussi noirs que les eaux noires de la baie à brochets. Autre point commun avec mes parents ou voisins paysans : Joe Malloy a l'esprit indépendant.

Mais revenons à ce dimanche de juin, à ce temps chagrin, à ce séduisant temps à grains. Dans la cour de Joe Malloy, pas de voiture, pas de tracteur, pas de springer spaniel en liberté. Notre ami s'est absenté. Nous aurions dû téléphoner avant de partir. Nous n'aurons pas la clé du *Green Heart*.

Nous nous mettons à la recherche d'une barque. Le voisin, que nous connaissons, n'en a pas de disponible. Il nous envoie chez un autre voisin, qui lui nous recommande J.J. Glavin, un peu plus loin, au-delà de Brownstown. En chemin nous croisons, au beau milieu d'un troupeau d'une trentaine de vaches laitières, un 4 × 4 japonais immatriculé à Dublin. Au volant, un solide moustachu, en tenue de pêche. Physique à la Jim Harrisson, en plus jeune. Il s'arrête à notre hauteur, baisse sa vitre, et tandis que de chaque côté défilent les vaches entre les voitures et les ronces du talus, demande ce que tout pêcheur allant vers le lac demande à tout pêcheur tournant le dos au lac :

« Ça a marché ?

– On ne revient pas de la pêche, on essaye d'y aller. Pas de barque. Joe Malloy n'est pas à la maison.

– Je sais. Depuis le début de la semaine il coupe sa tourbe. Il ne sera pas là de la journée. Alors comme ça vous n'avez pas de bateau ? C'est trop bête, le mien a un gros problème, je vais justement le tirer de l'eau pour l'envoyer à réparer, sinon je vous l'aurais prêté. Qu'est-ce que vous allez faire ?

– Il nous reste une autre adresse, un certain J.J. Glavin.

– Connais pas. Et s'il n'a pas de bateau ? Vous ne voulez pas pêcher sur le Mask ? J'ai un copain à Tourmakeady, il est coincé par un repas de famille, il vous prêtera sa barque. Je lui téléphone... »

Il commence à composer un numéro sur son portable.

«Très gentil de votre part, mais nous avons un bateau de disponible sur le Mask, à Cushlough Bay, si nous décidons d'y aller.

– Sûr ?

– Sûr ! Merci.

– Bon ! Parce qu'il faut que vous pêchiez. Quand on est en vacances pour pêcher, il faut pêcher ! »

La dernière vache libère le chemin.

« Salut les gars ! »

Dérangé en plein déjeuner dominical, J.J. Glavin, employé des Telecom si j'en crois la voiture garée dans la cour, abandonne son assiette, sa jeune épouse et ses deux enfants pour descendre au lac nous désigner sa barque et ouvrir le cadenas de la chaîne qui entrave les avirons. Nous déposerons la clé dans la boîte à lettres, au retour.

Pêche nulle. Aucun poisson. On ne se prive pas sans châtiment des augures de Joe Malloy, notre oracle du Carra.

Au petit déjeuner, je feuillette l'*Irish Times*.

« Écoutez ceci, dis-je à Mrs. O'Leary. *Sex on the street...* »

Sexe dans la rue. Ouverture prochaine d'un sex-shop O'Connell Street (les Champs-Élysées dublinois), en face du General Post Office, bâtiment historique des marches duquel Patrick Pearse proclama la république en 1916.

Mrs. O'Leary est scandalisée.

« Nous n'avons pas besoin de cela, d'un sex-shop, Hervé !

– Certainement que non. Mais ne pensez-vous pas que cela signifie la fin d'une certaine Irlande ?

– De toute façon, je pense qu'il y a des choses qui ne méritent pas d'exister. »

L'auteur de l'article décline avec ironie les commerces qu'on a déjà laissé s'installer O'Connell Street, dans ce périmètre chargé d'Histoire. Fast-foods, officines de paris, machines à sous, lingerie « *exotic* » (que les guillemets autorisent à traduire par « coquine », je suppose), etc. Un sex-shop ne peut que clore logiquement cette énumération. Et le journaliste de conclure par cette exclamation :

Welcome to modern Ireland !

En fin d'après-midi, à notre retour de pêche, trois voitures sont garées devant chez Mrs. O'Leary. Dans le salon règne une grande animation. Huit hommes prennent un verre. Sept ont à peu près le même âge, la trentaine, et le huitième appartient à la génération précédente. Il dirige le groupe, semble-t-il. À notre vue, il tape du plat de la main sur l'accoudoir de son fauteuil et se lève. Dans le brouhaha, je comprends qu'il est question de céder la place aux Français. L'heure du dîner. Avec un accent qui n'est pas irlandais, l'un des types se plaint d'être obligé de lever le camp. Un deuxième lance une vanne à propos des Françaises, du moins c'est ce que je crois saisir. Regards en coin et rires étouffés, en tout cas. Ils vont dîner en ville, et il est temps d'y aller, dit le plus âgé.

« Des cousins et un de leurs oncles, me dit Mrs. O'Leary. J'en loge quatre, et quatre dorment chez Mrs. X... Ils prendront tous le petit déjeuner ici demain matin.

– Comment ferez-vous ? Sally n'est plus là pour aider.

– Bah ! Ils ont envie d'être ensemble, et comme je ne pouvais pas les loger tous, prendre le petit déjeuner ici sera pour eux une occasion de plus de se réunir. Et puis je ne pouvais pas leur refuser ça. Ils ont tous des attaches dans la région, je connais des gens de leur famille. Pour la plupart d'entre eux c'est la première fois qu'ils viennent en Irlande, alors qu'ils sont irlandais. Ils sont venus régler sur place la succession d'un oncle célibataire, décédé sans testament. Il avait une petite ferme au bord du lac. Son frère, le monsieur qui est avec eux, est venu leur montrer où c'était. Je présume qu'ils vont décider de vendre la maison et les terres. L'oncle célibataire aurait dû léguer la maison à l'un de ses neveux, ç'aurait été plus simple. »

Deuxième ou troisième génération de la diaspora irlandaise en Angleterre. Se sentent-ils plus anglais qu'irlandais ? Comme ces enfants de Gallois, plus irlandais que gallois, rencontrés du côté de Kinsale, nés de parents installés dans le comté Cork depuis quarante ans. (« Vous comprenez, m'avait dit leur mère, nos enfants sont nés et ont grandi ici, les garçons sont mariés à des Irlandaises, ils se considèrent comme irlandais, pourquoi diable retournerions-nous au pays de Galles ? »)

J'ai échangé quelques mots avec l'un des cousins, intéressé par la pêche. Il pêche au coup, dans les Midlands, la carpe, surtout. Accent redoutable, mais au bord des lacs et des rivières j'ai pu me familiariser avec cette déformation des *a*, ce qui me permet de comprendre à peu près les questions simples.

« *Oeïlny fish todoïlle ? Any fish today* ? Pris du poisson aujourd'hui ? »

Il aimerait bien attraper une truite, ce serait la première de son existence. Pêche-t-il à la mouche ? Non, à la cuiller. Il ignore tout de la pêche au fouet. Il s'y mettrait s'il vivait en Irlande. Demain il va sur le lac avec Peter O'Leary. Je lui souhaite bonne chance.

«Tout le monde devrait faire un testament, continue Mrs. O'Leary après dîner, ça éviterait ce genre de situation et les discussions.

– Vous avez fait le vôtre ?

– Pas encore, Hervé. C'est très délicat. À quel enfant donner la maison ? »

La conversation se poursuit sur ce thème et Mrs. O'Leary m'apprend que la loi irlandaise permet de déshériter ses enfants au bénéfice d'un seul d'entre eux. Je m'en étonne, et sans entrer dans le détail du droit successoral, lui indique qu'en France tous les enfants doivent recevoir *grosso modo* des parts égales.

« Mais s'il n'y a qu'une maison, et pas d'argent à la banque pour donner aux autres, comment faites-vous ?

– On estime la maison, on divise par le nombre d'enfants, et celui qui prend la maison donne de l'argent aux autres pour le montant de leur part. Sinon ils vendent et partagent le prix entre eux.

– C'est ce qui doit arriver le plus souvent, non ?

– Souvent, mais pas toujours.

– Autrement dit, l'un ne peut pas avoir plus que l'autre ?

– C'est ce que dit la loi.

– Eh bien je trouve que votre loi est meilleure que la nôtre, Hervé. »

De Keelbridge à Castleburke, de Patry à Moore-hall, le Lough Carra dessine sur le buvard d'une plaine calcaire les trois feuilles d'un *shamrock* fluidifié.

Gelé, ses eaux peu profondes sont vert amande. À la surface de ce macaron, le pâtissier des Cieux a joué du piston de sa seringue à crème fouettée et sculpté au bec crénelé deux panaches de Chantilly : les Twin Islands, sous la neige.

Tête baissée, des dizaines de personnages, gantés, emmitouflés dans plusieurs couches de vêtements chauds, coiffés de casquettes à oreilles et de passe-montagnes, courent, glissent, trébuchent sur la glace, qui armé d'un pic, qui d'une fourche, qui d'une énorme poêle à frire.

On dirait une traque, on dirait une meute de border collies occupés à regrouper un troupeau invisible. Des fantassins vont de l'avant tandis que des chasseurs à pied couvrent les ailes, empêchent toute fuite.

Il s'agit bien de rabatteurs. Le gibier : en dessous de l'opercule du bocal, des brochets qu'on mène en direction d'une anse, et qu'on finit par coincer.

Les grenadiers-voltigeurs se précipitent et à l'aplomb des poissons donnent sur la glace un bon coup de poêle à frire. Les brochets sont sonnés, téta-nisés. Les pics entrent en action, brisent la glace et s'effacent de trois pas en arrière. Les porteurs de fourches font deux pas en avant, lèvent leur arme et embrochent les brochets.

Peter O'Leary me dit :

« P., le journaliste que vous avez déjà rencontré, a

publié un article là-dessus dans une revue anglaise. Des gens de l'association pour les droits des animaux l'ont lu. Ils en ont fait tout un plat. Ils menacent de porter plainte devant la cour européenne si on continue de pêcher le brochet comme ça en hiver. »

D'une semaine à l'autre, de pubs de Ballinrobe en pubs de bourgs environnants, nous suivons à la trace – aux affichettes qui annoncent leurs concerts – quatre toutes jeunes filles, quatre Grâces jolies comme des cœurs, quatre musiciennes capables chacune de jouer de tous les instruments qu'elles transportent : bodhran, fiddle, guitare, banjo, synthétiseur, flûte traversière, tin whistle. Quatre sœurs ? Je parierais pour deux, plus deux amies. Ce sont toutes des brunes à la peau claire et aux yeux gris-bleu. Deux ont le visage anguleux et mélancolique, et si expressif, des filles de Charlie Chaplin ; la troisième, la chanteuse, a la bouche d'Isabelle Adjani ; la benjamine, qui ressemble à notre fille cadette, rougit quand la chanteuse fronce les sourcils pour lui reprocher une fausse note, qu'elle est bien la seule à entendre. J'éprouve pour elles des sentiments paternels. Les yeux embués lorsqu'elles jouent et chantent *The Fields of Athenry* ou *My Old Irish Home*, je vais jusqu'à prier qu'elles épousent plus tard, quand elles seront grandes, le gentil mari qu'elles méritent. Dans mon tréfonds je me dis oh là là pourvu qu'elles ne tombent pas sur des sales types. Touchant, n'est-ce pas ?

Ce samedi soir, dans ce pub repris il y a peu par un jeune couple, des cigarettes s'échappent les fumées d'encens du recueillement. Souvent, pendant que les musiciens jouent, les conversations au bar continuent. En présence des quatre jeunes filles, tout le monde se tait.

Au bar, un vieillard bouche bée. Sur sa chemise et le revers de son veston, un véritable plastron de cendres.

À côté de lui, un professeur Tournesol allumé et hilare. Il se récite, veux-je croire, le postulat d'Euclide, que dément son strabisme divergent, ce qui l'amuse.

Un peu plus loin, un employé de l'Allied Irish Bank, un peu dépressif. Torturé par Big Brother qui enregistre sur disque dur, seconde après seconde, ses faits et gestes commerciaux, il doit regretter le temps du grand livre tenu à la plume.

Près de la porte des toilettes, un grand gaillard flageolant. Une dame aux cheveux gris permanentés l'interroge de longs regards appuyés, mais n'obtient pas de réponse. Elle boit une gorgée de Guinness et pince les lèvres.

Assis à côté de nous, trois jeunes hommes, bâtis comme des joueurs de rugby, et leurs copines. En T-shirt blanc et chemise à carreaux, la nouvelle génération irlandaise, ouverte, dynamique, diplômée d'écoles de commerce ou d'informatique, décidée à se faire une place au soleil européen, mais partagée entre ses racines et les mirages de la World Trade Organisation.

La porte s'ouvre sur cinq mecs plutôt crades, l'air goguenard sous leurs casquettes à l'envers.

Nos trois voisins redressent le dos, décroisent les bras, posent leurs mains bien à plat sur leurs cuisses. Les cinq mectons se cassent.

«Vous parlez anglais ? me demande mon plus proche voisin.

– Oui.

– Alors je peux vous dire qu'ils ont bien fait de se tirer. C'est pas un endroit pour eux. »

Les muses de Ballinrobe reprennent leur récital, par un blues, pour changer. La jeune fille qui a la bouche d'Adjani chante *Summertime*, en se regardant dans le miroir en face d'elle.

Je note sur mon carnet : ai-je l'air aussi sérieux qu'elle quand j'écris *intérieurement* ? Et j'ajoute : connerie à effacer.

Un lecteur, lors d'une signature, m'avoue ceci :

« Je vais en Irlande prendre les bières comme d'autres vont prendre les eaux. Je me fixe un objectif de soixante-dix litres par semaine, soit dix litres par jour. Après cette cure thermale, que devraient prescrire tous les psys à leurs patients, je suis dans une forme éblouissante, tout le reste de l'année. » Une forme de chameau, sobre après qu'il a fait le plein au point d'eau ?

Une lectrice du Morbihan, Anne-Marie L.B., m'a écrit une très belle lettre dans laquelle elle observe finement, en se rappelant son père qui me rappelle le mien, que les Irlandais et les Bretons bretonnants ont ceci en commun : juste avant qu'ils commencent à raconter une histoire, s'allument dans leur œil la « petite lumière et le sourire qui précèdent la parole », qui annoncent leur délectation pour l'ironie, la dérision et la moquerie à l'égard des vivants aussi bien que des morts.

Et de me raconter cette histoire qu'elle tient d'une amie irlandaise, Anne, originaire de Listowel. « Ce jour-là, Anne, conduisant sur les petites routes du Kerry, à une allure folle, comme toujours, eut un léger accrochage à un carrefour. Terriblement ébranlée – c'était son premier "accident" en vingt ans de conduite irréprochable –, elle téléphone à un ami pour lui relater l'incident. Soudain celui-ci lui demande :

"Était-ce un homme ?

– Oui.

– Portait-il une casquette ?

– Oui, pourquoi ?

– Vois-tu, Anne, il y a deux sortes de conducteurs extrêmement dangereux : les hommes portant une casquette car la plupart du temps il n'y a rien dessous ; et les bonnes sœurs, car tout d'abord leur coiffe restreint leur champ de vision, et ensuite parce qu'elles conduisent main dans la main avec le Seigneur et celui-ci est un bien mauvais conducteur !" »

Une journaliste de l'*Irish Times* a choisi pour thème de son billet d'humeur le changement de comportement des conducteurs irlandais, à Dublin. Elle introduit son sujet par la narration d'une « agression ». Ayant commis une faute de conduite bénigne, elle reçoit de la part de la voiture qui la suit une série d'appels de phares rageurs. L'appel de phares est devenu banal, note-t-elle, sauf qu'en la circonstance le conducteur irascible était... une nonne ! Voilà qui annonce la fin imminente d'une ère de sérénité au volant, en Irlande, conclut-elle avant de développer son sujet.

Un lecteur de Loire-Atlantique m'invite à bord de son voilier, qu'il a baptisé *Shamrock of Leenane*, et me demande si je connais à Bénodet « un bon endroit où l'on sert Guinness, Harp et autres esprits distillés ».

Anne-Marie L.B., retour d'Irlande, m'adresse ce quatrain philosophique :
RELIGION is sitting in church,
Thinking of fishing.
SPIRITUALITY is sitting in a boat,
Thinking of God.
Qu'on peut traduire par :
La religion, c'est s'asseoir dans une église et penser à la pêche. La spiritualité, c'est s'asseoir dans un bateau et penser à Dieu.
Cette pensée profonde lui a été livrée, me dit-elle, par une vieille demoiselle indigne retraitée d'un collège religieux de filles. Alors qu'elle l'interrogeait sur ses occupations de retraitée, et que le mot « religion » fut prononcé, la demoiselle s'écria :
« La religion ? Jamais ! La religion est pour les gens qui ont peur de l'enfer. La spiritualité est pour les gens qui y ont été. »
Et elle lui murmura à l'oreille ce conseil :
« Fuyez la religion ! »

Stupéfiante émission, en prime time, à la télévision irlandaise, que nous regardons en compagnie de nos hôtes, dans une farmhouse des bords du Corrib : une bonne sœur tournée et retournée sur le gril de son passé et de ses propres contradictions par un intervieweur impitoyable. Elle s'appelle sœur Xaviera, est accusée par d'anciens pensionnaires (aujourd'hui quinquagénaires) de l'orphelinat dont elle était directrice de leur avoir fait subir, entre autres sévices corporels, le supplice de l'immersion prolongée dans des bacs d'eau glacée, supposé guérir les gosses incontinents. Elle s'en défend maladroitement.

Il sera aussi question de ventes d'enfants à des couples d'Américains. «Ventes ? Non, des adoptions.

– Mais vous demandiez de l'argent ?

– Oui, il nous arrivait de réclamer un peu d'aide aux parents adoptifs lorsque le couvent nécessitait des travaux.

– Mais cela faisait parfois beaucoup d'argent ! Des Américains ont témoigné. Votre insistance dépassait la mesure. Ils vous avaient fait un don substantiel pour la réfection du toit et l'année suivante recevaient un autre appel, toujours pour le toit. Un toit ne se refait pas tous les ans, dites-moi ?

– Je ne sais pas, je ne sais plus, tout cela est très vieux, je ne me souviens plus. »

Depuis la révélation du scandale des Magdalen Women, les langues se délient, les victimes osent parler, certaines portent plainte. Les pensionnaires de l'asile Marie-Madeleine – du nom de la femme de mauvaise vie qui se repentit en lavant les pieds du Christ – étaient des filles mères, souvent très jeunes, parfois des amoureuses rebelles, parfois des victimes d'inceste, qu'il fallait cacher pour éviter les ragots. On confiait le fruit de leurs amours illicites ou des viols à des orphelinats, et pour expier leur faute, ces pécheresses étaient condamnées, avec la bénédiction de leur famille, à laver le linge sale, derrière les murs de couvents, véritables blanchisseries industrielles disposant ainsi d'une main-d'œuvre gratuite. Le dernier de ces lieux d'expiation par l'esclavage a fermé en 1996. Quarante « filles » désorientées, âgées de soixante à quatre-vingts ans, suivies par une équipe de psychologues, continueront d'y vivre en emballant du linge propre dans le cadre d'un contrat de thérapie par le travail.

« Il me semble que cette sœur Xaviera est dans une mauvaise situation, dis-je prudemment au propriétaire de la farmhouse, Michael H., benoîtement affalé, mains croisées sur le ventre, dans son fauteuil.

– Oh, il n'y a pas que les bonnes sœurs ! Les curés aussi ont beaucoup d'ennuis, par les temps qui courent ! »

Il ne m'apparaît pourtant pas que dans les campagnes la morale s'en aille à vau-l'eau. On veille sur la virginité des filles susceptible d'être convoitée par les garçons étrangers et on craint pour le pucelage des garçons qu'une étrangère pourrait emporter avec elle dans ses bagages, en guise de souvenir.

Un jeune Breton, par l'intermédiaire d'un comité de jumelage, trouve à se placer un été comme journalier au pair dans une ferme du comté Clare. À peine a-t-il le temps de roucouler une ou deux fois autour de la fille de la maison qu'elle disparaît jusqu'à la fin de son séjour, appelée d'urgence au chevet d'une vieille tante tombée malade à point nommé.

Figure symétrique : la même année, à quelque cent kilomètres de là, une Américaine de dix-huit ans, trop délurée, fut prématurément renvoyée dans ses foyers de luxure après que le fils de la ferme eut été surpris par sa mère en train de gratter à la porte de la chambre de la belle.

Histoires d'amour étouffées dans l'œuf ? D'autres éclosent, par bonheur... En revenant d'Irlande, une jeune Savoyarde m'écrit, dans le train qui approche de Saint-Gervais : « Je suis tombée amoureuse de l'Irlande et d'un Irlandais – ou vice et versa ; l'amour

216

pour l'un nourrit celui de l'autre, et inversement. [...]
Je lis vos *Chroniques irlandaises* et j'ai le cœur qui cha-
vire. [...] Je ne peux expliquer l'effet de votre livre,
seulement une irrésistible envie de partager des émotions, et de vous remercier. [...] Je me permets de vous
faire partager la naissance de sentiments bredouillants
– et que je ne peux contenir. Cette feuille de papier est
une soupape salvatrice. [...] Mon train arrive en gare
de Saint-Gervais, j'ai fini votre livre, je retrouve mes
montagnes et il va me falloir apprendre à partager
entre les douces courbes du Donegal et les arêtes vives
des sommets savoyards. »

Lequel d'entre nous, de l'Irlandais dont la jeune
fille est tombée amoureuse ou de l'écrivain qui a sus-
cité d'aussi jolies confidences, peut s'estimer le plus
gâté ? N'ayant aucune raison d'être jaloux de mon
rival, je me contenterai d'être un auteur émerveillé
que sa prose puisse engendrer de telles *rencontres* épis-
tolaires.

Pour me dire qu'en septembre il n'a pas pu trouver
à temps sur son poste de radio la fréquence de France
Culture et entendre une émission où je parlais de Clifden House, malgré le coup de fil nocturne, de Paris,
d'un étudiant français venu cet été à Corofin (« J'ai été
terriblement occupé à lui apprendre l'oisiveté »), Jim
Robson m'écrit cette phrase poétique : « Ah ! Ah ! Je
pense que vous n'êtes pas conscient que les ondes
radio qui circulent dans l'éther, parcourent des distances infinies et rebondissent d'un corps céleste à
l'autre, finissent par se poser dans les jardins potagers,
captées par les feuilles de rhubarbe, ces caisses de
résonance de la planète. »

Près de Doogort, île d'Achill, une église minuscule,
nichée dans un bosquet de résineux. Elle est entretenue. À droite du portillon en fer forgé, dont les
gonds sont graissés, un panonceau sur lequel on peut
lire ceci :

Saint Thomas'Church, Doogort

Bienvenue ami et étranger. Dans cette maison de Dieu vous trouverez Sa présence et Sa paix. En vérité, la mission que nous nous donnons est œcuménique. Vous êtes invité à recevoir la Sainte Communion quelle que soit votre confession.

Cette église est entretenue par les quelques protestants qui vivent par ici. Ils reçoivent l'aide d'amis loyaux. Nous vous demandons de nous aider aussi.

L'esprit mal tourné, persuadé de connaître les mots qui vont suivre, on cherche déjà des yeux le tronc où déposer son offrande. Erreur d'appréciation de catholique dressé à mettre la main à la poche.

Merci de ne pas quitter l'église sans dire une prière d'action de grâces, une prière pour vous-même et une prière pour nous.

Début avril, beaucoup de farmhouses n'ont pas encore ouvert leurs chambres d'hôtes. Notre bonne étoile nous mène dans une ferme, à flanc de colline, sur la route de Kenmare à Sneem, où nous posons nos bagages pour aller dîner à Kenmare et revenir passer la soirée chez Pat Spillane, à l'embranchement du chemin de la ferme, un pub où se produisent Neilie (guitariste, grand moustachu à l'air indolent) et Declan (accordéoniste, petit père à l'œil coquin). Il n'y a qu'une demi-douzaine de clients et Annie et moi sommes les seuls étrangers.

« D'où venez-vous ? me demande Declan. France ? Ah ! Ah ! Alors, maintenant un air pour les fumeurs et les Français en vacances... C'est dans la pipe qu'on met le tabac, OK ?

– Bienvenue ! » nous lance un type au bar.

Nous levons notre verre, les musiciens jouent en nous adressant des clins d'œil.

Le lendemain matin, la table du petit déjeuner est mise dans un coin de la salle à manger, près de la cheminée où un feu est préparé. Deux Françaises, mère et fille, finissent leur breakfast.

« Vous avez bien dormi ? nous demande la fille.

– Très bien, merci. »

Dormi comme des petits anges, dans une chambre mansardée, sous l'édredon replet d'un lit d'aïeule, au milieu d'odeurs (imaginaires !) de cire d'abeille, de pommes mûres et d'herbe coupée. Un veau, sevré de la veille ou de l'avant-veille, pleurait après sa mère.

Elle lui répondait du champ par des beuglements déchirants.

« Ah bon ? Remarquez, nous aussi. Mais… euh ! C'est un peu limite, ici, non, vous ne trouvez pas ?

– Limite ?

– On se gelait dans la salle de bains et il n'y a même pas de rideaux aux fenêtres ! »

Elles sont déçues que leur séjour d'une semaine s'achève dans un endroit aussi rustique. Jusqu'à présent, lors de chaque étape, programmée par le tour opérateur, autour de l'Anneau du Kerry, elles ont utilisé leurs vouchers dans des B & B chicos, dormi dans des lits neufs, eu deux serviettes de bain chacune, pris le petit déjeuner dans des salles à manger modernes, apprécié les beaux rideaux aux fenêtres.

« On avait une impression de luxe, tandis qu'ici… »

Les pauvres ! Elles ignorent (et moi aussi, jusqu'à cet instant précis) qu'en plus de ses vertus de simplicité, cette ferme renferme un trésor : son patron, un parleur de la plus belle espèce, qui sait reconnaître son coreligionnaire d'un seul coup d'œil. D'ailleurs le voici, porteur de la clé de la conversation : une deuxième théière, pleine jusqu'au bec d'un thé noir.

« Ma femme est partie à la messe avec les filles. Ça leur prend pas mal de temps parce que les filles veulent y aller à dos de poney. L'église est en bas du chemin, mais tout de même, en voiture ça irait plus vite. Ce n'est pas la première fois que vous venez en Irlande, j'ai l'impression. Vous connaissez le coin ? »

À mon tour d'user d'un sésame : dire que nous avons arrêté de compter nos voyages en Irlande, depuis quelque vingt années ; que j'ai pêché le saumon dans la Roughty et la Blackwater ; que j'ai écrit des livres et des articles sur l'Irlande et même photographié Frankie O'Sullivan, le pêcheur de homards.

« Ah c'est vous ! Frankie a été très fier d'avoir sa photo dans un magazine français. Il en a parlé à tout le monde… Vous ne trouvez pas qu'il fait un peu froid ? Venez donc près de la cheminée, je vais allumer le feu... »

Nous transportons tasses et théière près de l'âtre sous le regard intrigué et un peu jaloux de nos deux compatriotes qui, apparemment, n'ont rien compris au dialogue. Elles se lèvent et s'en vont, un peu péteuses, croyant sans doute que nous les avons laissé dire du mal de l'endroit alors que tout semble indiquer – à tort, mais qu'y pouvons-nous ? – que nous sommes en terrain familier.

Nous parlons de pêche en rivière et de pêche en mer, de coquilles Saint-Jacques et de bigorneaux, des cours du lait et du mouton, de Paris où notre homme est allé à un mariage, de la bière française servie glacée dans des verres ridiculement petits, et puis du braconnage, une institution dans ce coin du Kerry.

« Les seuls congélateurs vides, par ici, sont ceux des braconniers. Pas fous ! Ils répartissent leurs saumons dans les congélateurs des fermes alentour, là où les gardes n'ont pas le droit de fourrer leur nez. Tous les congélateurs sont pleins, partout !

– Le vôtre aussi ?

– Je ne vous le dirai pas. Mais vous savez, il y a des congélateurs bien en vue, dans la cuisine ou le cellier, et puis il peut y en avoir d'autres, cachés dans les granges, sous les tas de foin, ah ! ah ! ah ! »

Je raconte avoir vu, un soir, à la nuit tombée, un braconnier barrer un petit fleuve côtier en tirant un filet au cul de son tracteur.

« Tracteur ? Hum ! Rien ne vaut un bon *poaching dog* ! »

Mot à mot, un chien de braconnage. Il faut être trois : deux hommes plus le chien, en général un labrador ou un golden retriever, en encore un cocker ou un springer spaniel, bref, un chien qui aime l'eau. Mon interlocuteur, que je soupçonne de posséder un *poaching dog*, m'explique comment l'on procède. Dans la journée, on va cacher un filet dans les roseaux, rive gauche, par exemple. À la nuit tombante, un premier homme se planque rive droite et attend. Surveillé à la jumelle par le garde, son comparse fait semblant de promener son chien. Arrivé au bord de l'eau, il lui jette un bâton, que le chien prend dans sa gueule, mais au lieu de le rapporter, il traverse la rivière, comme on l'a dressé à le faire. Au bâton est accrochée une ficelle, et à la ficelle une corde, et à la corde un filet que l'homme allongé dans les roseaux n'a plus qu'à tirer et à tendre. Le chien retraverse le fleuve, l'homme continue sa promenade. Le lendemain à l'aube on vient relever le filet.

À Sneem, un choucas est perché au-dessus de la tête de Charles de Gaulle. Il se dévisse la tête et déchiffre à l'envers cette inscription sur le mémorial élevé en l'honneur de notre général et président :

Charles de Gaulle, 1890-1970

« En ce moment grave de ma longue vie, j'ai trouvé ici ce que je cherchais : être en face de moi-même. L'Irlande me l'a offert de la façon la plus délicate, la plus amicale. »

18 juin 1969

Bien qu'en 1968 on ait été de ceux qui ont crié haro sur le généralissime, on peut cependant, à le lire, se sentir gaullien.

Un fox-terrier traverse la place, le nez en l'air, très snobish dans son imperméable vert, à rabats d'épaules, genre mackintosh. Sûrement pas un chien irlandais.

Nous le suivons jusqu'à la porte d'un pub, où nous entrons.

Au Bridge Bar, une odeur de chou qui a collé au fond de la marmite. À 14 heures 25, le barman commence à tirer une pinte de Guinness, à 14 heures 29 elle achève de décanter, à 14 heures 30 il la prend et passe côté clients. Le barman a provisoirement rendu son tablier, la lumière diminue d'intensité, la trêve dominicale est respectée. Comme les fidèles au moment de l'élévation, les buveurs détournent les yeux d'un écriteau eucharistique :

BUVONS TOUS

ET

ALLONS TOUS AU PARADIS !

J'engage la conversation avec un vieux paysan. Il n'a qu'une obsession, s'expliquer la disparition des cailles, qu'autrefois on avait grand plaisir à voir piéter sous les haies, et la diminution de la population de coucous, dont il faut à présent guetter le chant, alors que dans sa jeunesse ils étaient si nombreux que les coqs dégoûtés renonçaient à chanter, au mois de mai.

Un marin-pêcheur me tape sur l'épaule et me salue amicalement. Il dit m'avoir vu à Ballyferriter, il y a deux ans. Hier, il a relevé ses deux cents casiers, a pris trente-six homards. À douze livres le kilo, il estime que c'est une bonne journée.

Je demande au vieux paysan s'il a appris à parler en irlandais ou en anglais.

« J'ai appris l'anglais quand je suis allé à l'école ! Et quand par malheur on parlait l'irlandais, on recevait les sept nœuds ! »

Je n'arriverai pas à comprendre s'il s'agit de l'équivalent de notre chat à neuf queues, ou de sept coups d'un bâton noueux, ou de porter autour du cou un bout de corde avec sept nœuds : le vieux paysan n'écoute plus mes questions, il me répète qu'il m'a déjà vu dans le coin et veut absolument que j'en convienne. Je le lui accorde. D'ailleurs, il a sans doute raison.

Nous reprenons la route. Devant nous, une voiture avec une remorque débouche d'un chemin. Sur la remorque, arrimée verticalement par des haubans, une statue, presque grandeur nature, de la Sainte Vierge qui préfère voyager dans le sens contraire de la marche. Elle nous adresse son bon sourire et nous la doublons en essayant de nous rappeler le *Je vous salue Marie* en anglais. *Hail Mary, full of grace, blessed you are amongst women...* Je vous salue Marie pleine de grâce, vous êtes bénie d'entre toutes les femmes et Jésus... Nous calons, butons sur « le fruit de vos entrailles ». *The fruit of your bowels* ? Non, ça ne sonne pas à notre oreille. Et puis *bowels*, les intestins dans le langage courant, ça fait un peu trop planche d'anatomie.

Un matin, Mrs. O'Leary, décidément très préoccupée de la qualité de notre sommeil, s'inquiète :

« Vous n'avez pas dû dormir beaucoup, cette nuit !

– Nous avons très bien dormi.

– Vous n'avez rien entendu ?

– Entendu quoi, Josephine ?

– Rien entendu, vraiment ? Tout ce bruit ne vous a pas réveillés ?

– Quel bruit ?

– Vers une heure trente, le téléphone a sonné. Une alerte, pour John et son équipe de sauveteurs. Deux Écossais, partis sur le lac du côté de Clonbur, n'étaient pas rentrés. À onze heures hier soir quelqu'un a vu leur break et leur remorque à bateau sur la berge. Il a donné l'alerte. Le lac était démonté cette nuit, et il faisait très froid. John a appelé les gars de son équipe, et comme il parle fort et que votre chambre est juste au-dessus de l'entrée... Je ne peux pas croire que vous n'ayez rien entendu. Il y a eu tout un mouvement de voitures devant la maison. Vingt, peut-être trente voitures. Le chien n'arrêtait pas d'aboyer. John est parti sur le lac avec une cinquantaine d'hommes. Plus de vingt bateaux. Et tous ces moteurs hors-bord qui font tant de vacarme, vous ne les avez pas entendus non plus ?

– Non plus. »

C'est la vérité : nous n'avons absolument rien entendu.

« Annie non plus ? Les femmes, d'ordinaire, ont le sommeil plus léger.

– Annie non plus.

– J'aimerais beaucoup pouvoir dormir comme vous. »

Le téléphone sonne. Mrs. O'Leary se précipite, ferme la porte de communication, écoute, raccroche, revient.

« C'était John. Les Écossais ont été retrouvés. Ils dormaient dans leur bateau, de l'autre côté du lac, à Tourmakeady. »

Vendredi 25 juin 1999, premier coup du soir de l'été. Au bord du Cong Canal, l'ami de l'année sera anglais. En 1998, nous avions partagé, le temps d'une soirée, le pool de la chute, ainsi qu'une truite que nous n'avions pas réussi à prendre. De loin, je reconnais sa silhouette. Il me fait signe, je le rejoins et nous nous rafraîchissons la mémoire à l'occasion de nouvelles présentations. Il s'appelle Jack Fulton. Professeur d'histoire en retraite, et fou de pêche à la mouche, il partage son temps entre l'Irlande, l'Écosse, l'Angleterre et l'Espagne, où il passe l'hiver. Margaret, sa femme, peint à l'aquarelle, pour des revues ou des éditeurs de beaux livres sur la nature, des sujets végétaux, d'une très grande précision. À l'huile, pour se distraire, elle peint des portraits. Quand elle ne reste pas à lire dans la Mercedes, que John gare avec délicatesse sur les arêtes vives des roches du plateau au bord du Mask, Margaret se promène dans ce paysage lunaire que domine Lough Mask House, où vécut Charles Boycott, et arpente ces terres inondables constellées d'énormes cailloux qu'un Titan aurait jetés du ciel, à grandes pelletées de gravillonneur. Au cours de ses promenades au clair de lune, elle croise nos épouses, qui chassent le lièvre, appareil photo en bandoulière. Ces lièvres ont des gènes d'autruche. Ils n'enfoncent pas leur tête dans le sable, mais se cachent à demi derrière un rocher et se figurent qu'on ne les voit plus. Il est facile de les surprendre. On pourrait presque leur pincer le derrière. Houh ! Ils se retournent, sidérés, et clic ! voilà la pellicule impressionnée. Bien entendu, avant de prendre la photo, on aura réglé la molette du flash sur le dispositif anti-yeux rouges. Quel effronté oserait tirer le portrait d'un lièvre en l'affligeant de yeux de lapin albinos ?

Jack vient ici depuis presque trente ans. Il sort de sa Mercedes en veste de tweed, chemise à carreaux et pantalon clair en toile, ôte sa veste, enfile un pantalon de pêche à bretelles, remet sa veste en tweed et la protège d'un ciré léger. Complètent l'équipement : sur la tête, un chapeau de chaque côté duquel Margaret a cousu deux rubans, larges comme des oreilles de chapka, qu'il peut nouer en cas de vent furieux ; à son cou, une paire de lunettes et une minuscule lampe de poche ; dans les poches de sa veste, un matériel réduit à une bobine de fil, une paire de ciseaux et une boîte à mouches. L'œil pétillant, les joues et le menton mangés par une barbe courte et blanche, Jack Fulton n'a pas le moral de son physique de pêcheur chic. Pas étonnant que nous ayons sympathisé. À la fréquentation des snobs (à propos, Mrs. O'Leary les imite très bien, nez en l'air, bouche en cul de poule, quand elle parle des golfeurs, que semble-t-il elle n'aime guère, à mon étonnement, d'ailleurs, car je croyais l'accès aux fairways irlandais beaucoup plus démocratique qu'en France), il préfère la compagnie des Irlandais. Ceci n'empêche pas que, puriste dans l'âme, tout comme moi, il regrette l'occupation inopinée des pools du canal par des commandos de pêcheurs au ver et à la cuiller (et au demeurant très sympathiques), auteurs, dit-on, de massacres sacrilèges. Diplomates, nous ne nous permettrions pas de suggérer à ces pêcheurs-là, qui sont chez eux, de partager notre opinion – dans cet endroit unique au monde, seule la pêche à la mouche devrait être autorisée. Cette année, les Fulton ont joint l'utile à l'agréable : Margaret expose dans une galerie de Westport pendant tout le mois de juillet.

Après avoir pêché chacun de notre côté, à la nuit tombée nous nous retrouvons au bord du pool de la chute. Jack a-t-il fait de bonnes pêches depuis son arrivée, début mai ?

« L'eau est très basse, comme vous pouvez le constater. Il faudrait deux pieds de plus. Les gros poissons sont moins nombreux. Ils restent dans le lac. Mais je crois qu'il y en a trois ou quatre ici. Nous ne devrions pas tarder à les voir. Qu'avez-vous mis ? Un sedge ? Moi aussi. Hum, pourtant elles ne semblent guère intéressées par les sedges, cette année. »

Depuis deux semaines, le vent souffle en permanence dans la mauvaise direction et les sedges se cantonnent au-dessus des aubépines.

Une truite vient de gober. En face de nous, un pêcheur que je n'ai pas vu arriver commence à fouetter. Je devine, dans la clarté de la lune à son troisième quartier, qu'il est en veston et porte de grosses lunettes. Il ferre, lève très haut sa canne, fatigue très vite son poisson, saisit son épuisette qu'il avait coincée entre deux rochers au bord de l'eau, s'agenouille et pose délicatement sur le gravier une truite d'environ deux livres. Il l'enveloppe dans un chiffon humide, la met dans son panier et s'en va.

« Frankie, me dit John. Vous le connaissez ?

– Je l'ai déjà vu par ici.

– À mon avis le meilleur pêcheur du coin. Il s'installe, observe, pêche, prend une truite et s'en va. Avant-hier, il a encore pris un beau poisson sous mon nez. Vous pouvez imaginer que j'ai demandé à voir sa mouche. Une Pheasant Tail. Il ne pêche qu'à la Pheasant Tail. En avez-vous ? Non ? Moi non plus. Hier je me suis agenouillé devant lui et l'ai supplié de m'en donner une. Ma prière n'a pas été exaucée. Il faudra nous résoudre à aller en acheter. La Pheasant Tail semble bien être la mouche du mois, sinon de l'année. »

Nous proposons nos sedges aux truites en activité. Sans succès. La conversation peut reprendre.

« Mon sentiment est qu'elles nymphent. Il nous faudra changer de tactique... Vous ai-je dit que j'ai pêché le saumon en Bretagne ? C'était en 1955, à Châteauneuf-du-Faou, au bord de l'Aulne. Je venais d'avoir vingt ans. J'y étais allé à motocyclette et je logeais à l'hôtel. À peine arrivé, voilà que ma moto tombe en panne. Une panne très préoccupante. À vrai dire, je n'avais aucun espoir de pouvoir la faire réparer, car c'était une moto anglaise, d'une marque déjà peu répandue en Grande-Bretagne. Je me rends chez le garagiste, qui était aussi forgeron et marchand de machines agricoles, il examine ma moto et me dit pas de problème, on va vous réparer cela. L'explication de ce miracle ? Très simple. Il y avait partout dans la région des machines agricoles de la même marque que ma moto et le garagiste a démonté sur je ne sais quel appareil à traire ou à faucher les prés la pièce qu'il lui fallait. Seulement voilà, cela m'a coûté presque tout mon argent. Après avoir payé la réparation il me restait seulement vingt livres. Pour deux semaines. Je ne prenais qu'un repas par jour, le breakfast. Je me gavais de pain, de saucisson et de pâté, me bourrais les poches de pain, et les serveuses se disaient vraiment, ces Anglais, ce n'est pas une légende, ils prennent un solide petit déjeuner. Inutile de vous dire que le matin au réveil j'étais affamé. Je me précipitais dans la salle à manger. Une des serveuses parlait si vite que je l'avais surnommée la mitrailleuse.

– Avez-vous pris du saumon ?

– Un seul, dans la chute d'une écluse. »

Le coup du soir s'achève. Un homme remonte de l'aval, nous adresse un signe, range son matériel dans sa voiture.

« Il en veut à un poisson, plus bas. Vous connaissez le gros rocher, sur la rive droite, avant que le canal ne s'élargisse ?

– Je vois.

– Juste devant, il y a une très grosse truite. Ce gars-là l'a piquée hier soir. D'après lui elle fait entre six et huit livres. Sous le coup de l'émotion, il pouvait à peine parler et tremblait de tous ses membres. Le pauvre homme, j'ai eu pitié de lui. Cet échec l'avait plongé dans une grande détresse, vraiment. »

Plus rien ne bouge. La conversation peut devenir plus sérieuse.

« Croyez-vous à cette histoire d'espèce de communauté celte que constitueraient les Irlandais, les Bretons, les Gallois, les Écossais et quelques autres comme les Galiciens ?

– J'ai constaté en tout cas que les Irlandais semblaient s'en préoccuper bien moins que les Bretons.

– J'ai étudié la question à l'université. Voyez-vous, ces Celtes qui subsistent en tant que tels, qui ont gardé leurs caractères originaux, ont tous en commun d'avoir d'abord été réduits en esclavage et repoussés dans les endroits les plus inhospitaliers, où ils se sont isolés. Leur vocabulaire s'est appauvri, ils ont perdu de nombreux mots pour les remplacer par des métaphores, et il est curieux de constater que ce vocabulaire tourne souvent autour de l'asservissement, du rapport au maître. Cela a forgé leur esprit de révolte, qu'on retrouve aujourd'hui dans leur soif d'identité. À mon avis, il faut s'en méfier, car vouloir se différencier de l'autre c'est se couper du reste du monde. Et on arrive très vite à la notion de nationalisme, très dangereuse, l'histoire et l'actualité en apportent la preuve, partout en Europe, et en Irlande, cela va sans dire. D'ailleurs, alors qu'il y a trente ans que je viens dans ce pays, je me garde bien d'ouvrir la bouche quand je ne sais pas à qui j'ai affaire. Il est vrai que les Anglais ont commis en Irlande des choses abominables, aussi peut-on comprendre que nous ne soyons pas les bienvenus. Enfin ! Il m'arrive de penser qu'il se peut aussi que ce besoin de se différencier ne soit qu'une réaction plus ou moins inconsciente à l'évolution du monde, qui tend vers un être humain universel ? Un homme qui n'aurait plus qu'une seule culture, qu'une seule façon de vivre et qui paierait les mêmes impôts partout ? De ce dernier point de vue je suis en quelque sorte un précurseur. Je me considère comme une sorte d'*international tax payer.*

– J'aurais pensé l'inverse. Quand on change de pays quatre fois par an, on ne paie d'impôts sur le revenu nulle part, je suppose.

– Oui, mais à une seule condition : courir très vite ! »

Cong Canal, samedi 26 juin.

J'ai trouvé dans mes boîtes à mouches quelque chose qui ressemble à une Pheasant Tail. Une truite d'environ deux livres a apprécié mes efforts. Jack Fulton, quant à lui, s'obstine à vouloir convaincre les truites que sa petite boîte en aluminium brossé contient suffisamment de mets variés pour se passer d'une visite chez le marchand d'articles de pêche.

« Buvez-vous du vin en Irlande ? me demande-t-il.

– Rarement. Nous préférons la bière.

– Ah ! Vous avez sans doute tort. Vous devriez prendre soin de votre santé. Vous avez certainement entendu parler de cette découverte de la Faculté. Un verre de vin par jour vous maintiendrait en excellente santé jusqu'à votre mort. Toutefois, ceci amène à se poser quelques questions. Un verre de vin, soit, mais tout d'abord dans un verre de quelle taille ?

– Un verre à vin, je présume.

– Oui, c'est sûrement ce qu'ils ont voulu dire. Mais demeure la question essentielle : quel vin ? Je me suis renseigné ici et là pour chercher à savoir si le bordeaux avait de plus grandes vertus que le bourgogne. Comme je n'ai pas obtenu de réponse, je me dis qu'il faut boire des deux.

– Deux verres de vin par jour, dans ce cas ?

– Surtout pas, il faut respecter la prescription. Deux demi-verres.

– Et que pensez-vous des vins chiliens, californiens, australiens qu'on trouve en Irlande ?

– Je n'ai rien lu de ce genre sur l'ordonnance de mon médecin. »

Cong Canal, lundi 28 juin.

Le vent du nord-ouest qui soufflait la veille et avait fait chuter la température d'au moins dix degrés par rapport au samedi, s'est apaisé. Il y a des chances que les sedges quittent les buissons pour se poser sur l'eau. Je ne suis pas le seul à le penser. Quatre pêcheurs m'ont précédé à la pointe. Je m'en vais et rencontre Jack Fulton près de l'échafaudage des pêcheurs d'anguilles.

« Hello, Hervé ! Il y a du monde à la pointe ?

– Oui, beaucoup de monde.

– En bas c'est la même chose. Infiniment plus de pêcheurs que de poissons. »

Il n'a pas réussi à faire monter la grosse truite du rocher.

Cong Canal, vendredi 2 juillet.

Vent du sud, sud-ouest. Après avoir pêché sur le Mask jusqu'à quatorze heures trente et déjeuné chez O'Connor, virée au bord du canal. Des poissons marsouinent. Je prends la décision de suivre les conseils de Willie et de pêcher à la nymphe, ou en tout cas d'essayer quelque chose qui y ressemble. Des buzzers se cachaient dans une de mes boîtes, sous les grosses mouches noyées irlandaises. Ils se révéleront excellents dans les jours suivants. Chaque truite en activité sera piquée au moins une fois. Je travaillerai certaines pendant plusieurs minutes entre calmes et remous, réussirai à les tenir à l'écart du courant niagaresque sous les piliers du piège à anguilles, mais hélas toutes se décrocheront, ou bien, malgré une canne brandie à bout de bras comme un étendard, elles promèneront mon fil sur les roches affûtées du fond et je casserai à maintes reprises. Bien entendu, quand sévit une telle poisse, ce sont les plus beaux poissons – ceux de quatre ou cinq livres – qu'on tient le plus longtemps, afin que la déception soit proportionnelle à leur poids.

Lorsque je m'en vais dîner, Jack pique un roupillon dans sa voiture. Margaret finit d'essuyer la vaisselle du dîner – elle n'hésite pas à apporter le plat du jour dans un faitout – et part à la rencontre des lièvres farceurs. En ces heures de complies, chantent-ils la messe, assis en rond sur leur séant, la tête basse et les pattes croisées ? En Irlande une conviction très répandue veut que les moines défunts se réincarnent dans la peau des lièvres, que les chasseurs bretons appellent aussi capucins, ce qui laisse accroire que nous avons par le passé partagé la croyance des Irlandais sur la transmigration des âmes des franciscains entre les longues oreilles des bouquins.

À la tombée de la nuit, Jack et moi nous retrouvons au bord de l'eau. Il me fait un compte rendu de la situation. Il y a des nuées de sedges au-dessus de la charmille, si bien qu'on peut espérer un grand coup du soir. Les gros poissons continuent de nympher mais à un moment ou à un autre ils changeront de menu, espère l'ami anglais.

Je lui raconte la conversation que je viens d'avoir avec Mrs. O'Leary. Ce matin, sur le Mask, j'ai récupéré, flottant entre deux eaux près de Castle Hag Island, un sac d'engrais. Je le dis à Mrs. O'Leary, tout en songeant à une autre vision de cauchemar qui a eu raison de mon dernier espoir de revoir avant longtemps mes rivières finistériennes recouvrer leur belle santé d'antan : deux bidons d'herbicide, coincés sur l'eau entre les branches d'un saule, sous le panneau « parcours mouche » d'un méandre de l'Odet. L'épandage d'engrais n'est-il pas réglementé autour de ces grands lacs irlandais inscrits au Patrimoine mondial de l'Unesco ?

« Il y a une réglementation précise, Hervé, et elle est particulièrement sévère en ce qui concerne les terres voisines du lac. Mais beaucoup de fermiers ne la respectent pas, et pourtant certains d'entre eux sont des pêcheurs. Au printemps, Peter a vu un paysan épandre son fumier sur un champ en pente, sous une pluie battante, ce qui est interdit. Le champ était noir, Hervé, noir comme de la suie. Le lendemain matin, il était de nouveau vert. Tout le fumier était parti dans le lac. Dégoûté, Peter a écrit au ministère, non pas pour dénoncer le fermier en question, mais pour faire part au ministre de ses craintes, et de nos craintes à tous, et demander que les lois soient respectées. Il attend toujours la réponse. Que pouvons-nous faire ? Essayer de préserver l'avenir ? Les gens de la *fishery* ont l'intention de mettre des conteneurs dans la Robe, vous savez ces boîtes pour élever des alevins. Mais Peter ne donne pas plus de vingt-quatre heures à vivre aux alevins après que les boîtes auront été plongées dans la rivière.

– La station d'épuration ne fonctionne pas encore ?

– Elle fonctionne, Hervé, et donne toute satisfaction. Le problème ne vient plus de Ballinrobe, il vient de plus haut, des plaines de Claremorris et d'ailleurs, là où il y a maintenant des porcheries.

– Des porcheries ? Comme s'il n'y avait pas assez de cochons comme ça en Europe ! La Bretagne est empoisonnée par les cochons. Nous sommes trois millions de Bretons et savez-vous combien il y a de cochons ? Douze millions.

– Douze millions ! Mon Dieu !

– Plus un certain nombre de cochons qui ne sont pas déclarés. »

Jack Fulton hoche la tête et me dit :

« Justement, je voulais vous en parler... Si vous aviez été là mercredi, vous auriez rencontré comme moi une jeune personne venue de Dublin prélever des échantillons d'eau du Mask. Je lui ai parlé, lui ai dit que nous autres pêcheurs nous faisons beaucoup de soucis à propos de la qualité de l'eau. Cette jeune fille a juré ses grands dieux que la qualité de l'eau était parfaitement correcte. Je lui ai rétorqué mais pourquoi l'analyser, dans ce cas ? Et ces algues vertes qui tapissent le fond et les bords du canal, ça ne vous inquiète pas ? Un peu trop de phosphate, m'a-t-elle répondu, rien de grave. Dites-vous bien Hervé que ses collègues fonctionnaires vous diront la même chose dans dix ans, quand toutes les truites flotteront le ventre en l'air. Ils ferment les yeux. Trop d'argent en jeu.

– On ne voit pourtant pas beaucoup de fermes autour du lac.

– Je me suis fait la même réflexion, avant de lire dans le journal local que les effluents viennent par camions-citernes, de Claremorris et de plus loin. On déverserait l'équivalent d'un million de barils d'effluents agricoles sur les terres incultes, dans les parages. »

Rien de neuf sous les cieux. En Bretagne, aussi, le lobby porcin a imaginé le transport du lisier vers les endroits déserts des monts d'Arrée, où l'eau est encore vierge de nitrates.

« Eh bien, dis-je, quand la pêche sera terminée il leur restera le golf pour attirer les touristes.

– Les golfs polluent presque autant. Leur belle herbe verte ne pousse pas toute seule. Il lui faut des tonnes et des tonnes d'engrais. »

Conscients de notre impuissance, et de peur que ces noires pensées nous mènent au suicide (se nouer la soie du moulinet autour du cou et se pendre à l'échafaudage des pêcheurs d'anguilles ?), nous nous rassurons égoïstement : compte tenu de notre âge, la mort des lacs irlandais devrait coïncider avec notre propre décès, alors pêchons, et après nous le déluge !

« Les fonctionnaires, par la bouche de la charmante jeune fille, vous diront que ces lacs sont alimentés par une telle quantité d'eau que ce ne sont pas quelques barils d'effluents qui peuvent les polluer durablement. J'ai tenu à la demoiselle le raisonnement inverse : la quantité d'eau est telle qu'une fois le mouvement de pollution amorcé il faudra beaucoup de temps pour l'inverser. Elle ne m'a pas cru. »

Des sedges se posent sur l'eau. Jack examine à la loupe les Richard Walker avec lesquels j'ai réalisé des pêches miraculeuses en 1995 et 1996.

« Avec ces sedges foncés, vraiment ? Vous bousculez toutes mes idées reçues. Jusqu'à présent j'ai cru que les truites ici ne prenaient que des mouches claires. »

Il change son sedge, un foncé pour un clair, aperçoit un gobage, fouette, ferre, travaille la truite (en anglais ça sonne plus joliment, on *play a fish*, on joue avec, on se joue de lui ou il se joue de vous, tout dépend de l'issue de la partie) la prend et remet à l'eau un poisson de près de trois livres.

« Pour le salut de mon âme. Ce poisson est un vieux copain. Depuis mi-juin nous nous amusons ensemble. »

Il me prend soudain le bras, l'œil en alerte :

« Regardez, vite ! »

Nous voyons une, puis deux nageoires caudales hors de l'eau.

« Incroyable, dit Jack. Vous avez vu ? Les truites avaient la queue en l'air et l'agitaient, comme ça, vous savez comme quelqu'un qui vous fait ses adieux sur le quai pendant que le bateau s'éloigne. Bye-bye ! C'est la deuxième fois cette année que je les vois se comporter de cette façon. Cela confirme mes craintes, Hervé.

– Lesquelles ?

– Qu'ils ont déversé dans ce lac des poissons transgéniques. »

Cong Canal, samedi 3 juillet.

« J'ai repensé à notre conversation d'hier, me dit Jack. J'ai oublié de vous dire que la jeune personne de Dublin m'a conseillé d'aller pêcher sur le Lough Conn. Sans la moindre ironie, elle a tenu à m'informer que les truites du Conn ont doublé de poids à cause des phosphates qui enrichissent le lac. Je n'en doute pas, lui ai-je dit, mais en tant que scientifique vous devez connaître la fin de l'histoire. Sous l'action des phosphates les insectes deviennent énormes et dix plus fois plus nombreux, les poissons engraissent, et les herbiers aussi. Tout cela prospère merveilleusement jusqu'au moment où les herbiers absorbent tout l'oxygène. Tout crève, d'un coup. Vous êtes pessimiste, m'a-t-elle dit. Là-dessus je suis d'accord avec elle, je ne suis pas optimiste. Ce matin j'ai pensé ceci : un milieu qu'on gave, qui grossit et finit par crever de ses propres excès, n'est-ce pas une formidable parabole pour illustrer ce qui attend l'humanité ?

– Plus rien ne bouge, dis-je, autant rentrer. Vous revenez demain ?

– Mon cher Hervé, demain, dimanche, j'invite Margaret au restaurant. C'est notre anniversaire de mariage.

– Félicitations ! Un grand dîner ?

– Certainement. Qui me coûtera bien plus cher que ne me coûtera ma journée de pêche au saumon lundi.

– Ah, vous pêchez aussi le saumon ?

– De temps en temps. J'ai réussi à avoir un parcours sur la Costelloe.

– Très belle rivière.

– Oui, mais très difficile à fréquenter. Ils travaillent principalement avec des pêcheurs étrangers, qui louent les parcours à la semaine. Il n'y a que le lundi qu'on a une chance de trouver de la place, entre ceux qui sont partis le dimanche soir et les nouveaux qui ne sont pas encore arrivés. Et mercredi j'ai l'intention de me rendre à Maam Bridge.

– Près du pub ? Il y a du saumon ? Mais il n'y a presque pas de courant. Comment pêcher à la mouche ?

– Entre le pont et le Corrib il y aurait un pool. Je suis invité à y aller voir, avec un gars du coin.

– À défaut de saumon, vous pourrez toujours aller au pub. C'est un de nos endroits préférés.

– Je connais le pub, mais comme vous je ne connaissais pas l'existence de ce pool à saumons. Nous verrons bien. »

Cong Canal, mardi 6 juillet.

Jack, encore plus élégant que d'habitude (chemise blanche, pantalon beige, mocassins impeccablement cirés), me donne les nouvelles du jour.

La Costelloe Fishery ne lui a accordé aucun saumon.

« Je dois confesser que, excepté un jour, il y a longtemps, où j'ai pris trois saumons d'été, cette absence de succès est la norme. »

La Bealanabrack, en aval de Maam Bridge, non plus.

« Nous avons fouetté toute la journée, sans apercevoir quoi que ce soit. Mais lorsque nous rangions notre matériel, nous avons entendu dans notre dos un énorme splash. Il y avait un saumon dans le pool et ce gentleman tenait à nous faire savoir qu'il nous avait observés pendant tout ce temps-là. Ces poissons-là sont apparentés au démon, ne croyez-vous pas ? »

Le dîner d'anniversaire de mariage a eu lieu.

« Ce pays est criblé de taxes. Savez-vous combien le restaurant faisait payer la bouteille de muscadet ? Quinze livres !

– Et vous en avez bu plusieurs ?

– Par bonheur non, nous n'étions que tous les deux, Margaret et moi. Ah ! Hervé ! Une grande nouvelle ! Je me suis décidé à acheter une mouche. J'avais à peine franchi la porte de la boutique que le marchand d'articles de pêche m'a dit : j'ai exactement ce qu'il vous faut. Puisqu'il l'affirmait, comment aurais-je pu le décevoir ? Votre marchand de mouches, c'est un peu comme votre coiffeur ou votre psychanalyste, ils savent mieux que vous avec quoi vous devez pêcher, de quoi vous devez avoir l'air et comment vous faisiez pipi dans le passé. Regardez comme cette mouche est drôle. »

Une imitation de cloporte, dirais-je. Un dos rond et blanchâtre et dessous les poils d'une brosse à chaussure.

«Vous doutez de son efficacité, n'est-ce pas ? Moi aussi. »

Nous montons nos cannes, enfilons nos pantalons de pêche et prenons nos épuisettes.

« À propos, Hervé, vous partez bientôt ?

– Nous redescendons dans le Kerry jeudi matin.

– Après-demain ? Ah il est temps d'agir, dans ce cas. Ma femme voudrait faire votre portrait à l'huile, cet hiver. Accepteriez-vous que je vous prenne en photo ?

– Bien sûr.

– Parfait. Nous verrons cela demain soir. »

Cong Canal, mercredi 7 juillet.

Je ne sais plus pour quelle raison, nous nous sommes attardés au dîner. Probablement avons-nous bu un doigt de Black Bush en plus, pour noyer notre tristesse de devoir quitter Cushlough Bay.

Il est tard lorsque nous arrivons au canal. Jack, en tenue de pêche, Canon Eos autour du cou, accourt à ma rencontre.

« J'avais peur que vous ne veniez pas... J'espère qu'il reste assez de lumière... »

Il était donc sérieux quand il parlait de portrait. Heureusement que je suis venu. Nous avons hésité entre le pub et le canal. Le vent souffle du sud, favorable aux éclosions et aux gobages, mais, très fort, trop fort, et, venant de face, ne nous permettra pas d'allonger de la soie. Il ne reste plus qu'à espérer le miracle de truites gobant au bord, dans nos bottes.

Séance de pose.

«Voulez-vous que je me mette en tenue correcte ? Chemise, veston et cravate ?

– Pas du tout ! Ma mission est de vous photographier sur le vif. Margaret tient à vous peindre dans votre milieu naturel. *Nature*, c'est comme ça qu'on dit en français, n'est-ce pas ? »

Jack range son appareil photo dans sa voiture et m'entraîne vers l'aval du canal.

« Nous allons nous occuper du gros poisson près du rocher. J'en reviens, je l'ai observé. Il est intéressé par les sedges. C'est votre dernier jour, il faut absolument que vous le preniez. »

Seulement voilà, là où le canal s'élargit, la berge en face diminue de hauteur et à l'endroit où l'action se situe, plus aucune roche, plus aucun buisson n'abrite notre berge, surélevée, elle, qui plus est. Le vent balaie le paysage lunaire, nous arrache des larmes, emporte les pans de nos vestes, qu'il faut boutonner jusqu'au col. Le canal n'est large que d'une quinzaine de mètres, atteindre la berge opposée est facile. Mais à cause du courant violent, déjà par temps calme poser une mouche correctement n'est pas une tâche aisée. À peine entre-t-elle en contact avec l'eau, que la soie prend du ventre et soudain arrache votre mouche qui cisaille d'un trait toute la largeur du canal. Alors, quand en plus le vent vous est contraire...

J'ai beau fouetter du poignet, du bras, de l'épaule et du buste – du corps entier au risque de basculer en avant –, au moment du posé le vent repousse la mouche à plus d'un mètre du rocher. Il faut tout essayer : multiplier les faux lancers, attendre de deviner, au sifflement dans vos oreilles, une seconde d'embellie et lâcher la soie dans le trou d'air ! La mouche se pose à peu près à l'endroit souhaité, mais la truite ne la voit pas, ou bien ne se sent pas d'humeur à monter, à cette seconde précise. Réduire le bas de ligne à une longueur de trois pieds. Le vent ne rabat plus la mouche, mais c'est la soie qui se pose sur la tête de la truite, qui vous en veut. Est-elle définitivement fâchée ? Non. Un sedge, un vrai, se présente. Il est gobé. Recommençons. Au bout de vingt minutes j'ai des crampes dans le bras. Je renonce.

« Impossible. À vous d'essayer, Jack.

– Vous auriez pu la prendre, sans ce maudit vent. »

Jack effectue quelques tentatives. Sa canne est plus nerveuse, son geste meilleur que le mien, il parvient à plusieurs reprises à atteindre l'autre berge mais sa mouche, comme la mienne, est rabattue hors du champ de vision du poisson. Sur notre tas de cailloux, échevelés, nous avons l'air de héros romantiques affrontant, yeux plissés et menton levé, l'univers hostile et le destin tragique que leur promet les dieux.

Face aux éléments déchaînés il ne sert à rien de lutter. J'abandonne.

« Je suis désolé, dit Jack, j'aurais tant aimé que vous preniez ce poisson. Vous ne voulez pas rester ? Peut-être le vent va-t-il tomber, au milieu de la nuit.

– Nous nous levons de bonne heure demain matin.

– Dans ce cas… Permettez que je reste un peu. Si j'attrape cette truite, j'aurai une pensée pour vous. »

Nous échangeons nos adresses et nos numéros de téléphone. Jack va pêcher en Écosse en août et septembre, avant de rejoindre ses quartiers d'hiver espagnols. Il descendra en voiture, prendra le ferry de Plymouth à Roscoff et traversera la Bretagne. Je l'invite à passer une soirée à la maison.

Un matin d'octobre, la Mercedes se gare dans notre cour. Margaret me remet mon portrait. Je le trouve très réussi. Le regard vague, j'ai l'air béat. Camé, pour tout dire. Bourré de coke du Cong Canal.

Pendant que nous prenons le café d'*elevenses*, Jack me transmet les amitiés de la truite du rocher.

« Je l'ai vaincue, Hervé.

– Bravo ! »

Il rit sous cape.

« Je l'ai même photographiée… Bon, j'avais prévu de vous mentir… De vous dire que je l'avais fait monter sur un sedge. Mais là, en face de vous, c'est impossible. Vous allez me haïr, Hervé. Je voulais tellement voir de quoi ce poisson avait l'air que je l'ai pêché à la cuiller. Tout en lançant cet affreux bout de métal, je jetais des coups d'œil inquiets dans mon dos. Et si jamais Hervé était revenu et me regardait ?

– Était-elle si grosse que ça ?

– Environ cinq livres. Un beau combat, dans le courant. Je l'ai remise à l'eau, bien sûr. Vous me pardonnez ?

– Je vous pardonne. »

Pour remonter de Waterville à Ballinrobe, nous empruntons toujours la route côtière – Caherciveen, Glenbeigh, Killorglin, Castlemaine où un panneau vous informe que vous allez traverser la ville natale du Wild Colonial Boy de la chanson –, et à Talbert prenons le bac qui traverse le Shannon et vous épargne un détour de plus de cent kilomètres par Limerick. Tout au long de cette portion de l'Anneau du Kerry, entre Waterville et Killorglin, on vous prévient que vous allez rencontrer des cars. Notre heure de départ correspond à peu près à celle du coup de sifflet d'un chef de gare routière qui, à Killarney, fait s'ébranler le convoi des bus sur cet anneau de lenteur. Circuit à sens unique, sinon, faute de pouvoir se croiser, les cars créeraient de fatales thromboses dans les innombrables virages. À intervalles réguliers – toutes les trente secondes, toutes les minutes ? – ils démarrent de Killarney, qu'ils rejoindront quelques heures plus tard après avoir tourné en rond et s'être arrêtés aux stands de ravitaillement – coffee-shops et boutiques de souvenirs. Malheureux touriste qui ne réfléchit pas en montant à bord : prend-il un siège à gauche qu'il n'aura à contempler pour tout paysage, sur une bonne partie du trajet, que l'entame d'un Christmas pudding, terre noire confite de cailloux luisants dans laquelle la route a été tranchée. Tant qu'à exploiter le filon, si j'étais voyagiste, je vendrais des sièges avec ou sans vue sur mer. Et par conséquent, avec ou sans supplément.

Le fourmillement des touristes sur le corps accueillant de l'Irlande peut provoquer des prurits allergiques. Cet été, sur une butte entre Cornamona et Clonbur, là où la vue sur le Corrib et ses centaines d'îlots est tellement irlandaise que la plupart des touristes s'arrêtent pour prendre une photo, le propriétaire d'un cottage a planté un panneau : NO PARKING.

Au bord du Corrib, dans une luxueuse farmhouse qui mériterait plutôt le titre de *manor house*, prolifèrent des panonceaux « no » : NO SMOKING, NO WELLINGTONS (pas de bottes). La propriétaire, que nous avons surnommée « la Colonelle » ou « Mrs. No », fait régner une discipline sans faiblesse. Ses ordonnances, ses filles, vont prendre ses ordres dans la cuisine et les exécutent sans états d'âme dans les quartiers. Ces jeunes filles sont si charmantes que je me sens sous leur badine tout petit garçon, que je voudrais les appeler « maîtresse » et commettre de grosses bêtises pour avoir le plaisir d'une bonne fessée. La maison aux pignons couverts de lierre, le parc, la campagne alentour et le panorama lacustre – en face de notre chambre, l'île d'Inchagoll où vécurent saint Patrick et sa sœur – évoquent les romans d'E.M. Forster ou de Jane Austen. On envie ceux qui en profitent toute l'année. À l'intérieur, le décor est entièrement consacré à la pêche et à la chasse : trophées, aquarelles, huiles, lithographies de truites, saumons, bécasses, bécassines, canards ; portraits de pêcheurs et de chiens ; photos de famille sur le manteau de la grande cheminée où brûlent des bûches de frêne. Sur bon nombre de photos, un homme de belle prestance, le mari de Mrs. No, certainement. Nous ne l'avons pas vu lors d'un précédent séjour, nous ne le verrons pas cette année. Quelque chose de compassé dans l'atmosphère de cette maison trop silencieuse nous laisse supposer qu'il est mort il y a peu de temps.

À onze heures ce matin, le Corrib est vert-de-gris. Le vent ratisse l'écume jusqu'au portillon du parc.

Mrs. No refuse de se renseigner sur la possibilité de louer un bateau et un moteur.

« Non, oh non, vous n'y pensez pas ! Personne ne se risquerait sur le lac, par ce temps ! »

Elle a l'air effrayé. Son mari se serait-il noyé ?

Clifden ne nous réussit plus. Chez Millar's, une boutique de tweeds du Donegal où j'achète mes chemises d'hiver, la dame est désolée : « Il n'y en a plus qu'une, et je crains qu'elle ne soit pas à votre taille. C'est la dernière. Le fabricant exporte toute sa production, désormais. Pensez, il vend ses chemises trois fois plus cher à l'étranger. » Dans le coffee-shop où nous entrons prendre le thé, le serveur est français. Mauvais signe. Nous avions envie d'une tarte à la rhubarbe, ou d'un apple pie, ou d'une part d'orange cheese cake. Rien, nous n'aurons rien.

« Vous savez, ici je ne sers que des frites et du Coca-Cola. »

À quelques jours de là, chez Mrs. O'Leary, feront un court séjour deux Américaines, deux sœurs rigolotes, ravies d'allumer clope sur clope dans un pays où on peut fumer sans risquer un procès.

« On laisse nos hommes à la maison et on vient à peu près tous les cinq ans. Qu'avez-vous fait aujourd'hui ? Pêché sur le lac ?

– Oui, et vous ?

– Été à Roundstone voir des cousins, et ensuite à Clifden. Horrible ! Absolument pollué par les Japonais ! »

Laissant aller ses pensées au fil d'une conversation sur le petit déjeuner irlandais, les œufs et le cholestérol, le boudin noir et le boudin blanc qu'elle sert même si personne n'y a touché la veille, Mrs. O'Leary évoque la création, il y a longtemps, de l'association des farmhouses.

« La période héroïque, Hervé. Dès le départ j'ai été membre du bureau. Dolly Mantle, que vous connaissez, était notre présidente. Le sujet qui a exigé le plus de réunions et de discussions a été le petit déjeuner. La plupart des dames voulaient en faire le moins possible, sous le prétexte que les touristes continentaux se contentent chez eux d'une tasse de café ou de thé et d'un bout de pain. Et puis, avec le travail de la ferme et les enfants, comment trouverons-nous le temps de cuisiner ? objectaient-elles. Le jus d'orange ou le pamplemousse en segments n'a pas posé de problème. Nous avons ensuite discuté la question des œufs. Uniquement sur le plat ou bien à la coque, pochés ou brouillés à la demande ? Un œuf ou deux ? Un morceau de bacon ou deux ? Combien de saucisses ? Nous sommes tombées d'accord sur deux tranches de bacon et un œuf sur le plat pour les dames et deux œufs pour les hommes. Et puis, au fil du temps, lorsque les collègues se sont aperçues qu'elles pouvaient très bien cuisiner un vrai petit déjeuner pour leurs hôtes, le bureau a réussi à imposer la règle du *full irish breakfast*. Vous venez en Irlande, vous avez droit à un véritable petit déjeuner irlandais, que vous finissiez votre assiette ou non. C'est une question de respect. »

Un samedi, Joe Malloy me dit de garder le moteur et la clé du cadenas du bateau et de remplir ma nourrice à ras bord de son mélange personnel. Il est possible qu'il ne soit pas à la maison le lendemain matin. Du travail dans la tourbière ? Non.

« Je ne suis pas très religieux, mais ma femme l'est. Si elle ne va pas à la messe, je ne vais pas à la messe. Mais si elle y va, je suis obligé d'y aller. Or, j'ai l'impression qu'elle a l'intention d'y aller demain.

– Remarquez, si le temps est trop calme, nous irons peut-être sur le Mask pêcher le brochet.

– Sur le Mask ? Mon Dieu, pourquoi sur le Mask ? Il y en a autant dans le Carra, je vous l'ai déjà dit cent fois. En juin, deux Français m'ont loué le *Green Heart*. La veille ils avaient pris un brocheton sur le

Mask. Ici, ils ont pris seize poissons, et des gros ! Pêcher le brochet demain ? Pourquoi pas ? Hum ! Ce soir, à la tombée de la nuit, allez dans les champs et regardez. Si vous voyez de la brume monter des pâtures, juste une mince couche, comme une couverture sur l'herbe, vous pourrez être sûr que le brochet mordra demain. »

La brume tartinait les pâtures d'une couche de brume allégée, et pourtant le brochet n'a pas mordu. Je me suis demandé si Joe Malloy, troublé de devoir probablement aller à la messe, n'avait pas omis quelques auspices complémentaires. Dans la brume qui monte des pâtures, si vous voyez un blaireau chauve, une vache borgne, un merle blanc et une toile d'araignée en forme de trèfle à quatre feuilles dans une haie de fuchsias...

... Une haie de fuchsias où un *hedgehog* serait roulé en boule ?

Un 9 juillet, vers quinze heures, revenant du Mask et en chemin pour le Cong Canal, nous déjeunons chez O'Connor. En terrasse, s'il vous plaît ! John nous a proposé de nous asseoir dehors, dans la cour, où il a installé trois tables et des chaises de jardin.

« Il se peut que demain ce soit l'hiver, alors autant profiter de cette journée d'été », plaisante-t-il.

Une des tables est occupée par un type seul, un barbu à la mine lumineuse – effet du soleil ou de la bière ? Le thermomètre doit afficher au moins vingt-cinq degrés. Je feuillette l'*Irish Times* et lis un article de circonstance sur l'héliotropisme de nos contemporains, cause de mortels cancers de la peau. Le journaliste, auquel je dois être apparenté, se moque : seuls les chiens fous et les touristes restent en plein soleil, aux heures chaudes. Nous sommes par conséquent soit des chiens fous, soit des touristes.

« Ni l'un ni l'autre, me dit Annie, on est des gens normaux. Pour une fois qu'on ne risque pas de moisir sur pied. »

Elle m'asticote. Elle sait que je déteste ce temps et je sais qu'elle aime bien avoir chaud pendant une minute ou deux, en Irlande. Comme dirait Mrs. O'Leary, mauvais temps pour la pêche mais beau temps pour les ladies.

Je parcours un autre article qui traite du lourd tribut payé par les *hedgehogs* irlandais à la circulation automobile et au machinisme agricole. John O'Connor apporte les sandwichs toastés et les demi-pintes de Harp. Je lui demande ce qu'est un *hedgehog*. Il se creuse en vain la cervelle.

« Une sorte de porc-épic, dit notre voisin en se levant, mais plus petit. Un animal avec des épines, qui se roule en boule. Je viens de lire le même article. C'est affreux, ils se font presque tous écraser. Un animal en voie de disparition. »

Le hérisson.

L'homme reste debout près de nous, l'air hésitant.

« Puis-je vous demander quelque chose ? Voilà, j'ai compris à votre accent que vous étiez français, et j'essaye d'apprendre votre langue. Ce que je voudrais vous demander n'est pas convenable, je suis sûr que je vais vous déranger… Il vaut mieux que je retourne à ma table et vous laisse déjeuner tranquillement.

– Mais non, allez-y.

– Je me rends bien compte que vous n'êtes pas des touristes ordinaires. Vous avez vos habitudes ici, vous aimez l'Irlande…

– Très gentil à vous de dire ça.

– Je ne le dirais pas à n'importe qui. Je suis sincère. Ces choses-là se sentent, vous savez.

– Merci.

– Non, non, non, c'est moi qui vous remercie de m'écouter. Alors, vraiment, je ne vous dérange pas ?

– Pas du tout.

– Bon, eh bien alors, puis-je m'asseoir à votre table pendant que vous déjeunez ? Je voudrais parler avec vous.

– En français ?

– Doux Jésus ! Non ! Je viens juste de commencer à l'apprendre dans un livre d'école primaire. »

Parler avec nous ! Moi qui traque le jaseur dans les pubs avec autant de passion que je héronne au bord du canal à l'affût des gros poissons, je ne peux qu'être comblé. Soyez le bienvenu, Michael Brennan. Né à côté de Cong, enseignant dans le comté Kilkenny, il n'est pas en vacances, hélas. Il est venu recueillir le dernier souffle de sa vieille maman.

« Le médecin a dit qu'elle n'en avait plus que pour un jour ou deux, trois au maximum. J'attends. Ma sœur est à son chevet. J'ai fait un saut en ville, boire un verre et puis me renseigner pour la suite. Vous savez, les formalités, les obsèques, enfin toutes ces choses dont il faut s'occuper. »

Michael Brennan souffle un peu de chaud sur le froid qu'a jeté cette confidence : il va chercher trois autres verres au bar. Plus tard, je remettrai la tournée et encore plus tard ce sera pour Annie et moi l'heure du thé. Lorsque nous nous lèverons après une ultime tournée de bière, les truites du canal auront passé un après-midi tranquille. L'heure du dîner sera proche et le soleil commencera de descendre au-dessus du clocheton du Market House Tavern.

De ces heures de jactance sous un parasol, je veux retenir la partie la plus ardue, qui aura nécessité crayons et papier, fournis par John O'Connor.

Instituteur spécialisé, Michael Brennan enseigne la lecture à des gosses dyslexiques. Passionné par son métier, il me prie de lui donner des exemples d'allitérations ou de phrases difficiles à prononcer en français.

« Pour qui sont ces serpents qui sifflent sur vos têtes ?

– Ça veut dire quelque chose ?

– Bien sûr. C'est un vers de Racine, dans *Andromaque*.

– Vous pouvez le traduire ? »

Je traduis.

« Je voudrais quelque chose de plus difficile. »

Nous évoquons les chaussettes sèches de l'archiduchesse et le chasseur sachant chasser sans son chien. Puis, me souvenant d'un séminaire auquel j'avais participé en qualité de professeur d'économie dans un organisme de formation professionnelle – pendant cinq jours des leçons de psychologie de groupe, d'expression orale et corporelle animées par un type brillant, universitaire le jour et acteur de théâtre le soir – j'écris, tout en les prononçant, ces mots destinés à assouplir la mandibule et les zygomatiques : « Je veux et j'exige un paroxysme spasmodique. »

« Formidable ! Qu'est-ce que ça veut dire ?

– Rien, ou presque. Rien de sensé, en tout cas.

– Comme la plupart de nos exercices. Remarquez, les meilleurs ne sont pas ceux qui ont un sens, mais ceux qui amusent les enfants. Comme celui-ci, qui leur plaît beaucoup. »

La phrase est en irlandais. Je ne l'ai pas notée, et ne peux donc pas m'en souvenir. En revanche, je me souviens très bien de la difficulté que nous avons eue, Annie et moi, à la traduire en français, sans le secours d'un dictionnaire, *via* sa version anglaise établie par Michael Brennan.

Sur le verbe, je n'ai eu aucun doute. On mémorise facilement les gros mots.

Sur l'arbre, aucun doute non plus.

Sur le sujet, un animal à cornes, le débat dura au moins le temps d'une demi-pinte. Nous hésitions entre l'élan et l'orignal. Quand Michael Brennan associa le bestiau à Santa Claus, la lumière fut.

Quant à l'adjectif, il nécessita la commande d'une dernière pinte de Harp. Je ne connaissais pas ce mot. Michael Brennan, à son affaire, nous concocta différentes périphrases explicatives, à la suite desquelles je proposai comme équivalents *mad, crazy, funny, glad* et *happy,* tous refusés par un professeur impitoyable. Nous comprîmes que la vérité se situait entre rigolo et dingo.

Le ciel se couvrait, l'air fraîchissait, l'été s'en allait. Du côté de la route de Castlebar commençaient à s'élever, expirées par les cheminées, les colonnes cotonneuses des fumées tourbées.

Nous sniffâmes l'une de ces lignes verticales bourrées d'alcaloïde irlandais et couchâmes sur le papier ces mots de la fin, fruits de la fermentation du délire dans nos cervelles défoncées de cocaïnomanes des tourbières :

UN RENNE FARFELU
PÈTE
SOUS LES HOUX.

BIBLIOGRAPHIE

La Psychanalyse du feu, Gaston Bachelard (Gallimard).

Le Guide du touriste en Irlande, Liam O'Flaherty (Anatolia), traduction de Béatrice Vierne.

Études anglaises, Paul Bourget (Plon).

Les Iles d'Aran, John M. Synge (Éditions Maritimes et d'Outre-Mer), traduction de Hubert Comte.

Letters from the Great Blasket, Eibhlis Ni Shuilleabhain (The Mercier Press).

Island Cross-Talk, Tomás O'Crohan.

An Irish Journey, Sean O'Faolain.

Modélisation et Modalisation du récit de voyage en Irlande, Myriam Priour (mémoire de lettres modernes, université de Rennes, 1998).

CET OUVRAGE
A ÉTÉ TRANSCODÉ
ET ACHEVÉ D'IMPRIMER
SUR ROTO-PAGE
PAR L'IMPRIMERIE FLOCH À MAYENNE
EN AVRIL 2000

I.S.B.N. 2.7373.2668.0.
N° d'édition : 4050.01.04.04.00.
N° d'impression : 47758.
Dépôt légal : avril 2000.
Imprimé en France.